Ohne Debatte

64
schlägt 709

oder:
**Warum kein Politiker
an dem Ast sägen wird, der ihn trägt.**

Autor: **Dieter Olk**

© 2019 Olk, Dieter
Herstellung und Verlag: BoD – Books on Demand,
Norderstedt
ISBN: 9783749498116

Warm up

Viel Spaß beim Lesen, denn es wird richtig spannend.

Es wird dabei aber auch teilweise recht kurios, ggf. traurig sowie aber garantiert auch sehr, sehr ernst.

Das Leben selbst (also in diesem Falle die Politik selbst) sorgt nun mal –ob gewollt oder ungewollt- für so manche Komik und Tragik.

Wenn ich so etwas schreibe muss ich gelegentlich auch an meine Mutter denken, wenn sie ermahnte: „Sage die Wahrheit". Dabei habe ich in fast 800 Monaten meines noch recht jungen Lebens die Erfahrung machen müssen, die Wahrheit kann

    a)   sehr störend sein oder

    b)   spontan Lacher hervor zaubern oder aber auch

    c)   auf keinerlei Gehör stoßen und es ist

    d)   dennoch angebracht, dass sie in diesem Buch einmal mehr als deutlich ausgesprochen wird.

Der Punkt c) ist vermutlich der Fall, der am ehesten ausgelöst wird; keinerlei Gehör für Wahrheiten. Zumindest bei denen, die jetzt politisch aktiv sind oder aus dem politischen System ihre Vorteile ziehen. Der Mensch hört bekanntlich nicht, was er nicht hören will. Politiker/innen sind auch Menschen und allein schon deshalb ist zu vermuten, dass kein Politiker/in bestimmte Wahrheiten hören möchte!

Ab jetzt sei darauf hingewiesen, dass ich, wenn ich z.B. Politiker schreibe, auch immer die Politikerinnen meine. Ich erspare mir aber (insbesondere wegen der besseren Lesbarkeit) ständig die männliche und weibliche Formulierung zu benutzen.

Es muss noch deutlich darauf hingewiesen werden, dass es in keinster Weise meine Absicht ist, irgendeine Person anzugreifen. In diesem Buch geht es <u>nicht</u> um einzelne Personen, es geht vielmehr um das System!
Zudem; Personen ändern sich oder werden ausgetauscht. Das System aber bleibt.
Personen verhalten sich systemkonform, aus ihrer Sicht also richtig. Möchte man aber andere Ergebnisse, andere Verhaltens- und Arbeitsmuster, so empfiehlt sich dringend eine Änderung im System oder sogar die Installation eines komplett neuen Systems.
Das politische System ändern? Kann das funktionieren?
Das System ist so aufgebaut (es hat regelrecht System), dass es nicht ganz einfach sein wird und auch nicht einfach sein soll, es zu ändern.
Das bedeutet indes nicht automatisch, dass es überhaupt nicht zu ändern wäre. Das System ist nämlich durchaus h e i l b a r ! Auch, wenn das garantiert kein einfacher Weg wird. Es ist aber möglich und kann funktionieren!
<u>*Beweis*</u>: Ehemalige Sowjetunion, ehemalige DDR oder auch Frankreich vor der Revolution und viele mehr!

Es darf aber nicht erwartet werden, dass diejenigen, die jetzt im System aktiv eingebunden sind (mitwirken/ mitschwimmen), diejenigen sein können und sein werden, die dieses System ändern. Kein Mensch schneidet wohl mit klarem Verstand bewusst den Ast ab, der ihn trägt. Jedenfalls kann man es ihm nicht empfehlen und –bitte schön- auch wirklich nicht erwarten.
Man darf und sollte von Menschen nicht erwarten, dass sie bewusst gegen sich arbeiten; dass sie so dumm sind, sich selbst zurück zu stufen und uneigennützig für die Gesellschaft handeln. Allein aus dieser Tatsache heraus wird deutlich, dass in diesem Buch nicht einzelne Personen kritisiert oder angegriffen werden, die heute Politik machen oder gemacht haben.

Es geht mir hierbei ausschließlich um unser politisches System / im 21.-Jahrhundert!

Dass es dabei Menschen gibt, die genau dieses System dazu benutzen, uns – den Bürger - an der Nase herumzuführen, ist hinlänglich belegt. Daran zweifelt wohl auch ernsthaft niemand. Das ausnutzen des Systems ist zwar menschlich, deshalb aber auf Dauer dennoch für mich nicht akzeptabel. *Folge*: Das politische System gehört auf den Prüfstand und geändert.

Garantiert ein großes Reizthema in dieser Republik und im übrigen Europa; ja in der gesamten Welt!

Es ist ein sehr, sehr wichtiges Thema, weil es um unser aller Zukunft geht. Ist es aber tatsächlich möglich, dieses System zu ändern?

Skeptiker und Nostalgiker werden sagen „nein".

Optimisten sagen hingegen „ja".

Ich sage „ja, weil ......

... es nun mal eine Tatsache ist, dass die Bürger in einer Demokratie die Möglichkeit per Wahl haben."

Es gab schon viele Revolutionen in der Geschichte. Es kann auch heute wieder welche geben. Wobei mir zwei genügen würden. Eine in und für Deutschland und eine die europäische Zentralverwaltung (EU) betreffend. Dass dann – wenn dies möglich ist und erfolgreich wird - vermutlich auch andere Staaten in Europa oder weltweit nachziehen würden, wäre eine gern gesehene und positive Nebenwirkung.

In Deutschland mit aktuell ca. 50 % Nichtwählern (Frustwähler dabei nicht mit eingerechnet) wird deutlich, dass diese „große Partei der Nichtwähler" ja dennoch immer die Möglichkeit hat, zu wählen. Und zwar am sinnvollsten eine Partei (eine Person), die antritt, das System zu ändern.

Dass den etablierten Parteien (der SPD z. B. um die 50% seit Gerhard Schröder) mehr und mehr die Mitglieder verloren gehen, steht fest.

Dass aber dennoch immer nur eine starke „Umverteilung"
bei den Wahlen zwischen den sogenannten fünf bis sechs
großen Parteien in Deutschland stattfindet, steht ebenfalls
fest. Keine wirklichen Änderungen, sondern nur eine
neue Umverteilung; das liegt am System und darf
insoweit nicht verwundern.
Die Bürger sind recht statisch in ihrem Wahlverhalten
und insbesondere in ihren Wahlerwartungen. Wie kann
es denn ansonsten sein, dass immer wieder (die gleichen
Parteien) den Kuchen unter sich aufteilen, obwohl sie
laufend und regelmäßig die Steuern erhöhen. Das diese
Parteien Wahlversprechen brechen dürfen, ohne dass sie
„in die Wüste" geschickt werden?
Wir werden also immer wieder stärker „zur Kasse"
gebeten, wehren uns aber nicht wirklich. Das ist in
meinen Augen ein gewisser hausgemachter Irrsinn.
Dieser Tage war wieder einmal so ein hausgemachter
Irrsinn zu erleben. Thema: Klimawandel. Unsere Politik
beschließt nach einer 19 stündigen Marathonsitzung das
sogenannte Klimapaket. Es soll uns in eine „bessere
Zukunft" führen. Das man das ganze Paket nennt,
obwohl es nur ein kleines Päckchen ist, ist weniger
schlimm. Das man aber jetzt suggeriert, wenn wir die
Benzinpreise erhöhen (recht moderat), dann tun wir
etwas für unsere Zukunft, ist eine richtige Lachnummer.
Der Staat kassiert dann ggf. etwas mehr (oder auch nicht,
wenn etwas weniger gefahren wird); damit aber unsere
Zukunft zu sichern, ist leider ein trauriger Witz. Und so
ein Witz kommt zustande, wenn man genügend Leute
zusammenruft, die dann in einer Endlossitzung einen
politischen Kurs (Kompromiss) zu finden und zu
definieren haben. Leider passiert es dann halt, dass man
die tatsächliche Aufgabe nicht löst, sich aber mit breiter
Brust vor die Presse stellt, und behauptet: „Das war
politisch möglich, dass war gut, wir sind uns einig, bla ..."

bla ... bla. Klimaschutz und Senkung des CO_2 Ausstoßes geht anders, garantiert. Hier sind aber (leider) wiederum keine Fachleute am Werk, sondern unsere gewählten Politiker/innen.

Warum wählen wir diese Leute? Wieso haben wir Leute an der Spitze unseres Landes, die dann gleichzeitig immer wieder hart kritisiert werden. Haben wir es denn mit dem „dummen Wähler" zu tun, oder wie kam es dazu? Nun, Massen verhalten sich immer irrational und dieses bekannte Phänomen nutzen unsere Politiker gnadenlos aus. Unterstützt von unserer Medien- und Presselandschaft. Unsere Reporter und Interviewer lassen zu, dass ohne ein wirkliches nachfragen, diese Plattitüden immer und immer wieder wiederholt und gesendet werden. Durch diese ständigen Wiederholungen suggeriert man, dass ist so richtig wie es ist und wie das die Politik entschieden hat.

Ich frage also, gibt es vielleicht heute schon eine Gruppierung/eine Partei die bereit wäre, den Vater Staat zu reformieren, ihn deutlich und nachhaltig zu verschlanken? Ich denke „ja" und werde dazu im Laufe der weiteren Erklärungen in diesem Buch auch darauf eingehen. Es kann aber auch jederzeit geschehen, dass solch eine Partei/eine Person neu antritt; why not? An dieser Stelle sei erwähnt, dass dieses Buch in keinster Weise ein Parteibuch ist oder werden soll oder dass ich eine bestimmte Partei präferiere und unterstütze. Es sei denn, sie ist bereit, harte Reformen für eine Verschlankung des Staatsapparates auszuarbeiten und umzusetzen.

Meine Gedanken sind „neutral" gehalten; also weder rechts- oder linksradikal ausgerichtet und ich hoffe, dass dies auch so verstanden wird. Es geht hier ausschließlich darum, deutlich zu machen, wo und wie es funktionieren kann, um einem totalen Kollaps zu entgehen.

Was wir in der Politik mehr denn je dringend benötigen ist Effizienz und Professionalität. Dabei ist es vollkommen egal, wie die Partei dann heißt, die das umsetzt.
Zu vermuten ist nur, dass die etablierten Parteien zu wenig lern- und veränderungsfähig sind, diese Veränderungen zu wollen und somit dies auch zu erreichen. Beweisen die Etablierten uns - dem Bürger - aber das Gegenteil; herzlich gerne!

Distanzieren tue ich mich ganz eindeutig von jeder Art von „Alternativen", wenn Sie (wie z. B. die AfD), von einem zu starken Rechtsruck gekennzeichnet sind. Sehr wohl ist nicht zu leugnen, dass auch solche Gruppierungen in Teilen wichtige (und richtige) Forderungen an die Politik stellen. Es gilt aber immer, dass dies ordentlich und einem Rechtsstaat würdigen Rahmen geschieht. Rechtsradikal zähle ich da nicht hinzu.

Zitat von Horaz; röm. Dichter:

Mische ein bisschen Torheit in Dein ernsthaftes Tun und Trachten. Albernheiten im rechten Moment sind etwas Köstliches.

Wie kam es überhaupt zu diesem Buch?

Es entstand aus einer beständigen Not heraus. Ich lief nämlich Gefahr, irgendwann vor Wut über zu kochen. Ich merkte, ich kann gar nicht so viel essen, wie ich k..... möchte. Ausgelöst regelmäßig durch die vielen, vielen Berichte über Steuerverschwendungen und Fehlleistungen unserer Politik, aber auch durch die unendlichen Talkshows mit fast immer den gleichen politischen Wichtig-Darstellern.
Und dann Themen wie: „Braucht man noch die SPD?"
„Ist Deutschland noch zu retten?"
„Harz IV, ist damit ein Leben möglich?"
.....

Ist es nicht ein wahrer (Alb)traum, wie einige (fast immer die gleichen) bestens situierte Wohlstandsbürger (unsere Politiker) dann öffentlich und mit ernsten Mienen z. B. darüber ihren Sabber ablassen, wie es sich mit Harz IV leben lässt und warum Harz IV genau das ist was es ist, warum es also doch relativ gut ist und .... und .... und.

In diesem Buch komme ich auch noch auf Harz V (also der nächst höheren Ebene von Harz IV) kurz zu sprechen.

Schlussendlich war mein Gedanke, diskutiere nicht mehr ausschließlich auf kleiner persönlicher Ebene mit deinen Bekannten und Freunden über dieses ernste und wichtige Zukunftsthema, sondern fasse die Ideen und Anregungen in einem Buch zusammen und es besteht die Chance, dass es viele Menschen lesen. Es besteht ja in einer offenen Gesellschaft immer wieder die Chance, Unmögliches möglich zu machen, um höhere Ziele zu erreichen.

Mögen die Ziele auch noch so ambitioniert sein, so sind sie dennoch grundsätzlich erreichbar (Schröder hat ja auch mal am Tor gerüttelt und gerufen „da will ich rein": und er kam rein und groß raus. Er wurde letztendlich ja unser aller Kanzlerdarsteller! Basta!).

Was Menschen oft hindert, Ziele zu erreichen, sind ihre gedanklichen Schranken und die Angst, hohe Ziele überhaupt präzise zu formulieren und sie proaktiv anzugehen.

Insoweit ist dieses Buch also ein guter und aktiver Ansatz. Vielleicht bringt es ja den berühmten Ball zum rollen –als erster Anstoß sozusagen.

Druckfehler, das darf ich Ihnen versichern, sind rein zufällig, unbeabsichtigt und nicht gewollt. Machen sie sich aber ruhig auf die Suche.

Zitat von L. Tolstoi (1828 – 1910)

**Fremde Sünden sieht man vor sich,
die eigenen hat man hinter dem Rücken.**

Ziel(e) dieses Buches

Für viele Menschen ist es sicherlich schwer, sich überhaupt vorzustellen, dass die (politische) Welt für uns eine ganz andere sein könnte als wie sie heute ist.
Das wir besser, ehrlicher und wesentlich effizienter regiert werden könnten, als wie es heute der Fall ist.
Uns im Alltag zu ergeben und sich allgemein zu beschäftigen ist nunmal einfacher und gemütlicher, als sich ernsthaft mit der Politik zu befassen oder sich gar in die Politik aktiv einzubringen.
Was kann **ich** schon ändern? Das ist vielfach eine der weit verbreitesten Denkmuster in unserer Gesellschaft.
Auch mir kamen gelegentlich Zweifel, was denn überhaupt im politischen Theater möglich ist oder nicht. Was dazu erforderlich ist, ein politisches System zu ändern, weiß ich: Eine Grundgesetzänderung. Dass dies eine heilige Kuh ist, weiß ich auch. Insbesondere weiß ich aber, dass dies Mehrheiten bedarf. Wo können diese Mehrheiten denn herkommen? Ganz einfach (*wie bereits gesagt*) von allen jetzigen Frust- oder Nichtwählern. BASTA!

Sollte mir einer dabei rechtsradikale Hintergedanken unterstellen, so darf er das gerne tun. Es trifft aber, ich habe es bereits erwähnt, Null Komma Null auf mich zu!
Ich bin nicht rechtsradikal, ich bin auch kein Linksradikaler. Ich bin auch kein Bürger der Mitte. Ich bin einfach nur ein mündiger Mensch und Bürger in dieser Republik. Ich habe Lebenserfahrung und (das hoffe ich) einen gesunden Menschenverstand. Ich will mir und der Welt nichts mehr beweisen – kann mich dabei auf eine gewisse Altersweisheit und Altersmilde berufen - habe aber grundsätzlich das starke Bedürfnis, frei zu denken und frei zu handeln.

Dies ist verknüpft mit dem Wunsch, dass ich noch erleben möchte, wie dieses jetzige, faule, korrupte und strippenzieherische politische System in unserem Lande eine grundlegende Änderung erfährt.

Das Hauptziel dieses Buches ist es, neben der Information kurzweilig zu sein, um die interessierten Leser in einem spannenden Thema einfach mit auf eine kleine Denkreise zu nehmen. Mein persönliches Ziel ist es, zum Nach- und Vordenken anzuregen. Nicht mehr und nicht weniger.

Das, was ich an „neuem System" präferiere, ist und kann nicht fehlerfrei sein. Es bedarf in seiner Form und Durchführung sicherlich noch wichtigen Anpassungen und Ergänzungen. Fehlerfrei muss ich zur Anregung einer Diskussion aber auch gar nicht sein, denn ..... diese Aufgabe traue ich denen zu, die den Wandel dann auf den Weg bringen. Ich persönlich stehe bei Bedarf gerne als Berater zur Verfügung, möchte und werde aber garantiert nicht einer der politischen Leader sein wollen.
Mein Ziel ist es nicht, politische Karriere zu machen. Mein Ziel ist es, zum Umdenken anzuregen. Es reicht! Wir alle schauen in Deutschland und der Welt dem finanziellen Kollaps und vieler sozialer Ungerechtigkeiten regelmäßig tatenlos zu, während woanders unser Geld verschleudert wird.

Genau wie in einer berühmten Geschichte über das menschliche Unvermögen, der Geschichte von Don Quijote, geht es mir um die kleinen und großen Schwächen in unserem System. Ich habe garantiert nicht den Anspruch, selbst unsere Politik umfänglich und abschließend reformieren zu wollen oder das jetzige System komplett verteufeln zu wollen.

Man darf bei aller Kritik nicht vergessen, dass unser jetziges System sich in vielen Bereichen in der Vergangenheit auch bewährt hat.

Es ist schön zu sehen, wie sicher Deutschland für alle Bürger geworden ist. Das gilt natürlich auch für viele andere Staaten auf dieser Welt. Sicherheit ist gut, Sicherheit brauchen wir alle. Es ist aber nicht automatisch so, dass wir diese Sicherheit unserem politischen Moloch verdanken.

Sicherheit ist und wäre auch mit einem neuen System umfänglich gewährleistet. Der Aspekt der Sicherheit hat nämlich nichts damit zu tun, dass unser politisches Großgebilde dennoch HEUTE als überholt angesehen werden kann. Wenigstens kommt man dann zu diesem Ergebnis, wenn man die Augen öffnet und wenn man sich überhaupt vorstellen kann, ein solch eingefahrenes und starkes System einmal gründlich in Frage stellen zu wollen. Daher bedarf es nicht nur einer oberflächlichen Diskussion (vor oder nach einer Wahl); nein, es bedarf tiefgreifender Diskussionen und letztendlich entsprechender Reformen.

Ein kleines Beispiel, wie es in unserem System heute läuft. Einige Politiker fordern und wünschen sich eine EU-Verteidigung; also eine EU-Armee. Ich persönlich sage; YES! Verteidigung muss zu einer Gesamtaufgabe der EU werden und ist nicht Aufgabe der einzelnen Mitgliedsstaaten. Kommt es aber nach dem jetzigen System zu solch einer EU-Armee, dann „rüsten wir auf!". In Personal, in Waffen, in Form von vielen, vielen Milliarden Euros. Unsere Politiker werden also neben der nationalen Armee noch eine EU-Armee aufbauen und finanzieren. Um wie viel intelligenter wäre es denn, wenn jeder der Mitgliedsstaaten 50% seines jetzigen Wehretats „der EU zur Verfügung stellen würde" und 50% einsparen würde? Je 50% von 26 Staaten macht also 13 volle Wehretats, die man zur Gründung und Führung einer EU-Armee verwenden könnte. Damit bekommt man eine schlagkräftige Truppe zusammen. Gleichzeitig würden alle Mitgliedsstaaten viel Geld sparen, denn eine nationale Verteidigung erübrigt sich, wenn man eine Gesamtverteidigung hat. Oder hat jeder der 50 Bundesstatten in den USA noch eine „nationale" Verteidigung?

Das Beispiel USA dient nur einer Verdeutlichung. Es geht in diesem Buch nicht um USA-Politik (dafür allein bräuchte man viele, viele Seiten).

Es geht mir darum, dass solche rationalen Überlegungen heute regelmäßig schon deshalb scheitern, weil es (hinter verschlossenen Türen) sehr oft um ein Postengeschachere geht und keiner bereit ist, Macht abzugeben; wirklich mehr als nur schade. Schließlich geht es bei solchen Aufgaben um unsere Zukunft; um große und richtungsweisende Lösungen; zum Wohl aller EU-Bürger (und nicht um Macht und Posten aus dem eigenen Lager).

Diskussionen können helfen; sie werden aber bekanntlich nicht ausreichen. Es bedarf auch hier einer Art der (friedlichen) **Revolution.**

Mein Appell lautet: Bürger, steht auf und wehrt euch! Es geht!

In diesem Sinne, seien Sie herzlichst gegrüßt und trotz eines komplexen und schwierigen Themas gut unterhalten.

Ihr: *Dieter Olk*

Allgemeines

Viele Male habe ich mich schon gefragt: wieso ist noch keine „politische Figur" aufgestanden und hat nachhaltig das gefordert, was ich hier schreibe?
Öffentlich erwähnt wurde gelegentlich schon, dass wir ggf. zu viel Staat haben. Jetzt, ganz neu, lese ich, dass einige Wissenschaftler dringend eine Reform unseres Wahlgesetzes fordern. Es wird aber so sein, dass dann bald der Nächste um die Ecke schaut und fordert noch mehr Staat (z. B. bei den Banken und der Bankenaufsicht). Kann man natürlich auch als o. k. finden!
Es ist ja faktisch immer so, dass man alles, wirklich alles, so oder so bewerten kann. Das bringt uns aber nicht weiter.

Was uns wirklich weiterbringen würde ist die Antwort auf die Kernfrage: „Brauchen wir heute wirklich über 700 Vertreter in Berlin? Benötigen wir heute wie vor hundert Jahren dazu zwingend diese Art der Info-Politik?
Es sind ja mittlerweile „durch taktieren" stolze 709 Sitze im Parlament geworden; und das nenne ich nun wirklich „stramm!"
Brauchen wir in 16 Bundesländern 16 x durchschnittlich 116 Landesvertreter = knapp **1.900**!?

Wir können wirklich stolz sein. Wir leisten uns das größte frei gewählte Parlament weltweit! Ein glatter Wahnwitz und … wir Bürger schauen zu und unternehmen nichts! Ja, nichts!
Meiner Meinung nach gilt es, statt oft und regelmäßig über Harz IV zu debattieren, wir sollten und müssen und werden mal nachhaltig und ernsthaft darüber zu sprechen haben, was verschlingt eigentlich der politische Apparat selbst an finanziellen Ressourcen?

Dann natürlich auch die Frage: „Kann ein Team von 2.600 Menschen auf Bundes- und Landesebene effizient und intelligent regieren?“

Lassen wir an dieser Stelle die Intelligenz ruhig einmal weg. Die Frage der Effizienz genügt, um eindeutig zum Ergebnis zu kommen: NEIN, das können sie nicht!

2.600 Köpfe werden zwar von 5.200 Beinen (wenn sie denn alle gehen wollen) in die Parlamente getragen.

Ob aber Person 345 oder Person 456 anwesend ist oder nicht, ist so wichtig und entscheidend, als wenn eine Krähe bei ihrem Flug über die Felder was ablässt oder eben auch nicht.

Einige Vorturner (also diejenigen, die gerade in der Parteienlandschaft obenauf schwimmen) palavern und palavern, wiederholen ihre Plattitüden immer wieder (vor zig Kameras), andere Politiker hören hin oder auch nicht. Bürger hören hin oder auch nicht. Spielt alles keine große Rolle.

Eine Opposition ist eh dafür auserkoren, dass sie grundsätzlich schon mal dagegen ist, usw. usf.. Von Effizienz auch nur im Ansatz reden zu wollen, passt nicht. Wenn der Redner mal Millionen mit Milliarden verwechselt, auch nicht so schlimm. Hauptsache, es wurde medienwirksam palavert.

In einem Taubenzuchtverein wird besser Bericht gegeben als im Bundestag. Der GF eines Taubenzuchtvereines hat vorzulegen, wofür die Gelder verwendet wurden, welche die Mitglieder ihm anvertraut haben. In der Politik erfolgt das nicht. Was Politiker mit aberwitzig vielen Milliarden machen, wird zwar veröffentlicht, aber bitte nicht transparent.

Da gibt die Kanzlerin (sorry, Frau Merkel, ein Kanzler würde natürlich das gleiche auch tun) einige Milliarden über Brüssel nach Griechenland; alternativlos. Sie erklärt uns aber lieber nicht im Detail, wo sie das Geld denn herholt und insbesondere nicht, ob das denn überhaupt im Sinne der Bundesbürger sein kann.

Alternativlos nennt Sie das. Alternativlos bedeutet doch nur, ihr ist nichts anderes eingefallen. Suuuper!

Unsere politischen Debatten im Bundestag. Haben Sie schon einmal erlebt, dass bei/nach einer Debatte (z. B. über den Bundeshaushalt) irgendetwas abgeändert wurde? Das also aufgrund der Debatte eine neue, verbesserte Erkenntnis hinzukam und z. B. vom Wehretat etwas für die Bildung übrig blieb? Mit Nichten.

Debatte hin oder her; es bleibt so, wie es vorgekaut wird. Wir, die Bürger, haben sie aber nun mal gewählt! Nein, STOP, haben wir gar nicht! Wir haben die jetzige Regierung gewählt! Nein, auch nicht; wir haben eine Partei x gewählt! Dann hat die Partei mit den meisten Stimmen (der wenigen Bürger, die überhaupt noch zur Wahl gegangen sind) eine andere Partei hinzugenommen, und dann haben diese ihre *(unsere)* Kanzlerin gewählt. Toll!

Die Kanzlerin ist faktisch gar nicht von uns gewählt worden. Vielleicht fühlt sie sich deshalb auch nicht dem Bürger verpflichtet?

Sie wurde per veraltetem, politischem System an die Spitze gesetzt, und dort verteidigt sie ihre politische Macht und die ihrer Partei. PUNKT!

Der Mangel an Urteilskraft ist eigentlich das, was man Dummheit nennt und einem solchen Gebrechen ist gar nicht abzuhelfen.

(Interpretation von Kant zum Thema Dummheit)

Bei dem jetzigen System ist es immer wieder das Gleiche. Unsere Volksvertreter, gleich welcher Couleur, starten nach den Wahlen regelmäßig mit einer glatten Lüge.

In etwa so: „Der Bürger hat so entschieden. Die Bürger und Bürgerinnen **haben gewollt**, dass ....".

Der Bürger hat eben nicht entschieden, dass die Partei A mit der Partei C eine Koalition bildet.

Der Bürger hat entweder A, B, C, D **oder** auch G gewählt. Über die Medien wird aber suggeriert (und penetrant wiederholt), als hätten „die Bürger" jetzt so gewählt, weil sie wollten, dass Partei A und C die Regierung bilden.

Eindeutig nein, verehrte Damen und Herren Politiker!

Der eine Wähler wollte, dass A regiert. Der andere, dass C regiert, ein anderer, dass B das Ruder übernimmt, usw.

Ansonsten müssten die Bürger die Möglichkeit haben, eine Koalition zu wählen. Diese Wahlmöglichkeit gibt es aber nicht. Ich habe das jedenfalls noch nie auf einem Stimmzettel gefunden. Warum eigentlich nicht?

Themenwechsel: Im alten Griechenland wurde als Idiot bezeichnet, wer sich nicht am öffentlichen Leben beteiligt hat. So unübel finde ich diese Bewertung - für die damalige Zeit - nicht.

Ein Wandel ist insoweit aber dennoch zu bemerken, dass es in der heutigen Zeit unter Umständen sogar von Vorteil sein kann, sich im öffentlichen Bereich eher zurückhaltend zu bewegen.

Es gibt einfach zu viele, die sich auf diesem Felde wichtigtun und die politische Klaviatur spielen (oder zu spielen versuchen), sodass hier heute kein Mangel mehr an Aktivisten herrscht. Vielleicht ein Beispiel dafür, wie sich Interpretationen - hier über die Dummheit und die Idiotie - dem Zeitgeist anpassen. Jedenfalls sind solche Bewertungen und Ansichten nie absolut festzumachen. Interpretationen sind einem ständigen Wandel (einer Anpassung) unterlegen.

In der heutigen Zeit führte es aber dazu, dass eine sehr große Zahl an Bürgern tatsächlich den Wahlurnen regelmäßig fernbleibt.

Das erfolgt aber nicht etwa, weil der Bürger dumm ist, sondern vielmehr, weil er frustriert ist; weil das System sich immer wieder nur selbst inszeniert und weil er spürt, egal was ich wähle, Entscheidendes ändert sich tatsächlich nicht.

Bei meinem vorgeschlagenen „neuen System" rechne ich damit, dass der einzelne Bürger wieder gerne sein Wahlrecht ausübt. Nur wenn die allermeisten wieder wählen gehen, und nur dann, kann es überhaupt zu einer Umkehr kommen.

Es ist stark anzunehmen, dass die jetzigen Nichtwähler größtenteils auch wieder zur Wahl gehen würden, wenn ...... sie eine andere Wahl haben als jetzt.

Wenn man eine Partei – oder eine Person - wählen kann, die auch die Courage besitzt zu sagen: „Wenn ich/wir die Mehrheit erhalten wird unser System von oben nach unten nachhaltig und sinnvoll reformiert!"

Es bedarf halt der (2/3) Mehrheit, weil von den Etablierten keine Partei bereit dazu und in der Lage sein wird, das jetzige System in Teilen abzuschaffen.

Wir leben geradezu in einer Zeit der zunehmenden Verdummung, weil die gigantische Informationsflut viele letztendlich überfordert.

Dieser feste Glaube, dass alles, was so ist, wie es jetzt ist, „normal" ist, darf folglich gar nicht verwundern. Wir werden ja in die jeweiligen Systeme hinein geboren. Schon sehr früh lernen wir, wie uns etwas vorgegaukelt wird. Kaum einer regt sich auf oder widerspricht. Zudem wird unser System mit schlechteren Systemen verglichen und die logische Schlussfolgerung, unsere Art zu regieren und unser System ist gut; wenigstens aber nicht schlecht. Folglich nehmen wir es als gegeben und damit als richtig an.

Ob es indes richtig und gut ist, steht dabei aber in keinster Weise fest. Fest steht nur, wir haben uns daran gewöhnt.

Ein weiteres Paradoxem: Obwohl wir immer schneller und immer mehr informiert werden, so haben wir (im Verhältnis dazu) immer weniger Wissen.
Ist in diesem Punkt unser Gehirn ggf. überfordert?
Werden wir informell überflutet, ohne zu reifen?
Informiert uns die Politik wirklich?
Will sie überhaupt offen und transparent informieren?
Warum greift sie dabei nicht auf Bilder und übersichtliche Soll-Ist-Vergleiche zurück?
Weil sie das gar nicht will! Eine offene, ehrliche Information ist nicht gewollt; es würde im politischen System nur stören. Der Bürger könnte ja, je besser er informiert wäre, mehr kritische Fragen stellen.

Oberflächlich wird informiert; sicherlich. Thematisch aber bitte schön nicht im Detail. Politiker geben dann - werden sie danach befragt- gerne vor, man wolle den einfachen Bürger ja nicht überfordern!
In manchen Sachfragen könnte das sicherlich auch schon mal sein; grundsätzlich aber eben auch nicht. Zudem gibt es ihn ja nur rein statistisch, „DEN Bürger!“

Jeder Bürger ist anders, tickt anders und hat eine andere Denke, andere persönliche Ziele und eine absolut individuelle Lebensart.
Daher meine Forderung: „Informiert uns besser -und anders-; wir wissen schon damit umzugehen.“
Ein anderes menschliches Phänomen ist in diesem Zusammenhang bedeutend. Eine überwältigende Mehrheit der Menschen verfügt nur eingeschränkt über die Gabe, den Zustand unserer Welt und ihre Funktionalität einigermaßen objektiv wahrzunehmen und zu verstehen.
Otto-Normalbürger betrachtet alles ausschließlich von seinem eigenen Standpunkt aus.

Abstraktes Denken ist bei diesen Personen weniger oder überhaupt nicht ausgeprägt. Sie bewerten alles aus ihrer eigenen Lebenserfahrung heraus (ebenso egoistisch geprägt wie materialistisch, ideologisch, religiös, rassistisch sowie mit weiteren persönlichen Erfahrungswerten und Filtern durchzogen). Hinzu kommen noch ganz persönliche Schlussfolgerungen und Behauptungen, sodass sie immer nur ein ganz bestimmtes Bild vor Augen haben: stets nur die Bilder der persönlichen Erfahrungen.

Bestehende Vorurteile werden schön weiter gepflegt und jede Chance genutzt, diese zu festigen und zu untermauern. An der Richtigkeit ist man da eigentlich gar nicht so sehr interessiert; im Gegenteil: Hauptsache, alles passt ins rechte Bild, wie man sich das so ausgedacht hat.

Wenn man dann noch viele Gleichgesinnte um sich herum hat, die das ebenso beurteilen wie man selbst, fühlt man sich sicher und wohl und folglich auch schlau. Sehr einfach und logisch, oder?

Besonders engstirnig in Bezug auf eine freie Weltsicht sind interessanterweise aber oft auch jene Menschen, die materiell erfolgreich sind. Ihr Weg muss ja richtig sein, sonst hätten sie ja nicht diesen Erfolg.

Den Umkehrschluss, dass sie nur deshalb erfolgreich waren, weil sie kurzsichtig, raffgierig, intolerant, dumm, unsozial oder gar korrupt gewesen sind, kommt bei diesen Menschen so gut wie nie auf. Erst recht nicht, wenn ihnen gelobhuldigt wird (wie Politikern oder anderen Personen des öffentlichen Lebens), einige soziale Engagements hingelegt haben oder gesellschaftlich auf einem hohen Podest stehen.

Es werden in diesen Fällen auch keine Dummheiten (Fehler) überprüft, ohne die er oder sie vielleicht noch erfolgreicher hätten sein können (und das sogar, ohne mit diesen zuvor genannten Negativeigenschaften aufzuwarten).

Nein, materieller Erfolg steht in unserer Gesellschaft in dieser Frage über allem, nicht aber die Intelligenz bzw. das, was wir für intelligent halten.

Den Narren erkennst Du an sechs Zeichen:

> **Furcht ohne Grund**
> **Rede ohne Nutzen**
> **Wechsel ohne Fortschritt**
> **Frage ohne Ziel**
> **Vertrauen zu Fremden und**
> **Freundschaft zu seinem Feind.**

(arabisches Sprichwort)

Emotionen

Wie steht es mit unseren Gefühlen/unseren Emotionen? Die Politiker sprechen zwar gelegentlich von den Defiziten unserer Empfindungen, unternehmen aber nichts dagegen. Der Vertrauensverlust in unsere Politik ist hoch. Man ist unsicher, was denn zukunftsweisend sein soll, zu wählen. Gleichgültigkeit macht sich breit. Man steckt auch schnell in einem Patriotismuskonflikt, weil von der Opposition bevorzugt die Schublade „links" oder „rechts" geöffnet wird. Es kommt ja weniger darauf an, was man sagt, sondern wer was sagt. Ich gebe zu bedenken, dass auch Aussagen, die „von rechts" kommen, richtig sein können; analog dazu Aussagen von links!

Eine politische Veränderung, wie sie aus meiner Sicht mehr als notwendig wird, würde von den Etablierten blockiert und mit aller Macht versucht zu verhindern und das jetzige System bis aufs Messer verteidigt. Es darf doch nicht zugelassen werden, dass da einige wenige daherkommen und anfangen an den Ästen zu sägen, die uns (die Demokratie) tragen.

Wehret den Anfängen!

Das darf es (bei uns) nicht geben; das geht zu weit.

Das macht alles kaputt, was wir haben. Das wird unser Volk spalten.

Solche und weitere negative Aussagen wird es garantiert hervorrufen.

Meine Antworten darauf:

Es bedarf in der Regel eines Neuanfangs, wenn man etwas Neues erreichen möchte.

Das alles geht nicht zu weit, das ist dringend erforderlich!

Ein neues Denken, ein neues System, macht nicht alles kaputt, was wir haben. Im Gegenteil. Es lässt uns mehr (jedem von uns, weil es nicht mehr zu solchen Steuerverschwendungen kommen darf wie es jetzt permanent geschieht).

Das Volk wird dadurch auch nicht gespalten. Das Volk wird es in der Mehrheit sogar als gutheißen. Das Volk wird insoweit gespalten, als dass die bisherigen politischen Parteien und ihre Mitglieder aufbegehren werden und alles versuchen werden, ein neues und erfolgreiches System kaputt zu machen oder zumindest kaputt zu reden, bevor es sich überhaupt beweisen kann.

Bei allen meinen persönlichen Umfragen zur politischen Lage, ob wir tatsächlich über 700 Vertreter im Bundestag brauchen, lautete die Antwort stets: NEIN.
Bei allen Fragen, ob das denn änderbar wäre, meinen die gleichen Leute aber leider auch: NEIN.

Warum ist das so?
Liegt es tatsächlich nur daran, dass die Leute keine großen Veränderungen wollen? Ich glaube nicht.
Es ist mehr die Gewohnheit und das starre Denken in eingefahrenen Gleisen und Strukturen, die zu diesem Ergebnis führen. Schleichende, kleine Veränderungen, da geht der Mensch mit. Das wird akzeptiert respektive mit Gleichmut hingenommen.
Dass der Bundestag einmal mit 402 Personen an den Start ging und dass es heute 709 sind, das beunruhigt wohl nur wenige. Diese 76 % kamen ja schleichend hinzu. Das haben „die da oben" halt so gemacht (u. a. durch Überhangmandate), da können wir nichts dran ändern!

Dabei kann man sehr wohl ändern; auch radikal, wenn man
… die Notwendigkeit erkennt,
… es sich als Ziel setzt und
… handelt (als Bürger aufbegehrt und Zeichen setzt).

An der Notwendigkeit von Veränderungen zweifelt kaum ein Bürger. Zumindest niemand, der außerhalb des politischen Systems steht.

Veränderungen als Ziel setzen? Das soll man tun, da wird der ein oder andere Politiker auch mal darauf kommen.
Handeln? Das müssen dann wohl die Bürger, sie haben nun mal in einer Demokratie die Möglichkeit(en) der freien Wahl.

Dass dann dagegen geschossen wird - von den Etablierten - ist garantiert. Aber nicht mit leichtem Geschütz; da werden dann die ganz großen Register des Staatsapparates gezogen.

Wer also Angst vor einem Neustart hat, darf nicht antreten. Wer Angst hat, dass ihn jemand argumentativ angreift, soll keine Argumente vortragen.
Dass es auf jeden Vorschlag - also jedes Argument - auch ein Gegenargument gibt, ist so sicher wie das Amen in der Kirche.
Welche Argumente aber obsiegen, soll und wird eines Tages hoffentlich die Mehrheit der Bürger bestimmen, und nicht nur die etablierten Politiker!?

Die „Jetzt-Politiker", die das etablierte System (ihr System) verteidigen, höre ich schon trällern: „Das mit einigen wenigen an der Spitze, das hat schon 1933 .... jemand mit zweifelhaftem Erfolg gemacht. Was haben wir dann bekommen? „Krieg."
Logische Schlussfolgerung: die rhetorische Frage an die anonymen Bürger: „Wollen wir wieder den totalen Krieg?"
Natürlich nicht!

Das sind aber dann solche emotionalen Taktiken, die gesteuert abgefeuert werden, um die Chancen für einen Neustart nachhaltig zu verhindern.
Verhindert wird damit aber in erster Linie Gutes für uns, den Bürger und auf Dauer für den Staat.

Jetzt, im Jahre 2019, habe ich keine Veranlassung, überhaupt an 1933 zu denken und aus 1933 Vergleiche heranzuziehen. Die Welt hat sich verändert. Die Menschen haben sich verändert. Die technischen Mittel haben sich mehr als verändert; es sind welche hinzugekommen, die hätte man 1933 noch für utopisch gehalten.

Es darf und kann also sein, dass man künftig Veränderungen will und braucht, die zwar in einem Punkt mit denen vor 80 Jahren etwas gemein haben: nämlich grundsätzlich mal nur einige wenige Politiker, die das Steuerrad in der Hand halten.

Deshalb aber bitteschön garantiert keine Kriegstreiber oder Menschen, die Schlechtes für unser Land wollen.

Im Übrigen, faktisch sind es heute ja auch nur einige wenige, die das Sagen in Berlin oder den 16 Landesparlamenten haben. Sie werden dabei halt nur begleitet und getragen von einer Unmenge an Wasserträgern.

Schon mal überlegt, wie viele von den 709 im Bund machen denn wirklich Politik und wie viele sind nur Wasserträger?"

Oder unsere 1.867 Vertreter in den Ländern; gleiche Fragestellung: Wie viele Wasserträger beschäftigen - und bezahlen – wir dort?

Unzählige Millionen Euro jährlich verschlingen allein diese Damen und Herren; und zwar jedes Jahr!

Gleichzeitig aber: Kein Geld da für wichtige Aufgaben.

Darüber muss man sich Gedanken machen dürfen; da gilt es, hart gegenzusteuern.

Nicht zu vernachlässigen ist auch eine andere große Zahl. Unser Bundestag beschäftigt darüber hinaus etwa 6.000 Mitarbeiter! Nun denn, Fachkompetenz wird benötigt und auch an dieser Stelle nicht bemängelt.

Bemängelt wird, dass der Apparat immer größer wird und dennoch zig Millionen jedes Jahr an Beratungsfirmen vergeben werden. Muss das alles wirklich sein?

Mein Appell der Vernunft zielt darauf ab: „JA zur Demokratie". Wir erhöhen mit einem reduzierten, direkt gewählten System sogar noch die Möglichkeiten **einer echten** Demokratie. Wir sollten weg vom jetzigen Parlament des Palaverns zu einem Parlament der Diskussionen und Berichterstattung an die Bürger!

Offen und transparent und mit einem funktionalen Controllingsystem.

Sorry, dass es so einfach klingt. Es könnte so einfach sein! Es kann gut sein, dass es „zu einfach ist" und deshalb nur sehr schwer auf Akzeptanz trifft. Wir Deutsche sind doch Spezialisten darin, vieles - sehr vieles - zuerst bitteschön zu zerreden und es richtig kompliziert aussehen zu lassen. Sehr wahrscheinlich waren es wohl doch wir Deutschen, welche die Bürokratie erfunden haben!?

Jedenfalls beherrschen wir die Bürokratie vorbildlich.

Die Vorschläge von mir sind natürlich etwas, das in wichtigen Teilen völlig anders ist als das, was wir jetzt haben. Es würde also bedeuten: „Veränderung!"

Der ängstliche Mensch mag aber keine Veränderungen. Veränderungen bescheren ihm regelmäßig Unsicherheit. Unsicherheit ist aber etwas ganz Eigenartiges; das behagt ihm in der Regel überhaupt nicht.

Sicherheit ist das zweitgrößte Bedürfnis (nach den allgemeinen Grundbedürfnissen, wie essen, trinken und leben wollen), nach dem der Mensch strebt - und was er deshalb auch konsequent anstrebt und benötigt.

Also würden die jetzigen Politiker (und Medienvertreter) genau diese Klaviatur spielen und alles verteufeln, was neu ist und was das jetzige System dauerhaft abschaffen würde.

Was läge also näher, als vehement an die Bürger zu appellieren, doch bloß nicht „die Anderen" zu wählen, die „das da" alles vorhaben. Die Politiker werden damit auch größtenteils Erfolg haben; zumindest beim Stammwähler.

Interessant ist es aber, dass wir heute - die Uhrzeiger standen noch nie so günstig - diese immer kleiner werdende Schar der Stammwähler gar nicht benötigen, um das jetzige System abzuwählen/abzulösen.

Alle jetzigen Frust- und Nichtwähler haben ja bereits erkannt, dass es so eigentlich nicht weiter gehen kann.

Wenn sie jetzt auch noch erkennen, dass das System grundlegend (nämlich von oben nach unten und nicht von unten nach oben) änderbar ist, genügt das vollkommen.

Diese Leute - da bin ich mir sicher - wollen Veränderungen und haben auch keine Angst vor diesen Veränderungen.

Es läge nun an den jetzigen Nichtwählern, dafür anzutreten, dass diese Veränderungen in unserem Lande auch möglich werden.

Ob wir das noch erleben? Es wäre wünschenswert. Ich bin der festen Überzeugung, dass wir im Staat -an unserer Spitze- maximal 64 fähige Politiker/innen benötigen. Nicht mehr und nicht weniger. Ich bin aber auch der Überzeugung, dass das nicht so einfach zu realisieren sein wird. Daher mein Konzept; mein Vorschlag:

Gehen wir doch mal den „kleineren" Weg. Dieser kleinere Weg bedeutet, verschlanken von oben nach unten; aber gemäßigt. Erstes Ziel sollte es sein, von heute 709 Sitzen auf max. 500 Sitze zu reduzieren; analog der 70ger-Jahre.

Bewährt es sich bzw. hat es keine besonderen, negativen Nebenwirkungen (und die wird es nicht für uns Bürger haben) kann und soll man gezielt weiter verschlanken.

Es ist natürlich ein starkes Umdenken erforderlich. Insbesondere ist erforderlich, dass Politiker sich daran gewöhnen müssten, Verantwortung zu übernehmen.

Echte Verantwortung; weil ……. ja bewertbar und kontrollierbar regiert werden muss.

Jetzt, dafür sorgt das überbordete Parlament, kann sich jeder gut „verstecken". Mal ist die Kanzlerin verantwortlich (sagen die einfachen Minister), mal sind die Mehrheiten halt verantwortlich, argumentiert dann die Kanzlerin. Richtig zu packen ist da keiner; nein, wirklich keiner.

Die Verschlankung auf Bundes- und Landesebene kann Aufgabe der jetzigen Parteien sein -wenn sie sich daran trauen- oder eben halt einer neuen Gruppierung, die sich das als Aufgabe stellt.

Fakt ist, auch Deutschland ist heute bereits mehr als nur ein Sanierungsfall. Diese Erkenntnis nutzt aber herzlich wenig, wenn nicht Taten und Maßnahmen folgen.

Ich habe berechtigte Hoffnung dazu, dass gewichtige Änderungen eines Tages kommen; und die Hoffnung stirbt ja bekanntlich zuletzt.

Aber wie sieht es überhaupt aus mit „einem neuen System"; wie soll das gehen?

Was jetzt folgt, ist nur eine mögliche Variante und ein durchdachter Vorschlag. Nur zu polemisieren hilft ja nicht, es müssen klare Lösungsvorschläge auf den Tisch. Die vorgeschlagene Variante darf und kann jeder gerne auch ganz oder in Teilen anderes sehen und beurteilen. Das ist legitim.

Meine Meinung ist hier auch nicht vollständig dargelegt, dazu bedürfte es strategischer, analytischer und berechneter Arbeitspapiere (je Ressort). Das wird dann sehr umfangreich und gehört hier erst einmal nicht hin. Hierhin gehören die Grundideen, in welche konkrete Richtung unser Staat sich entwickeln sollte.

Der Bürger soll entscheiden: möchte er tatsächlich diesen Moloch an Sitzen in Berlin oder eben nicht.

Warum und wieso empfehle ich aber gerade 64?

Vierundsechzig Verantwortliche, das ist meine Wunschvorstellung. Ein Ziel für in 40 Jahren vielleicht, weil …
… vierundsechzig Personen noch miteinander sprechen können. Miteinander und nicht zwangsweise (weil Opposition) gegeneinander.
Ein Schachbrett hat 64 Felder. Schach ist ein bekanntlich recht kniffliges Strategiespiel, welches man nur gewinnen kann, wenn man weiter voraus denkt als der Gegner. In der Politik findet man Parallelen dazu, denn Politik ist ebenfalls eine ziemlich strategische Angelegenheit; oder?
Spaß beiseite; dieser Vorschlag hängt wenig bis gar nicht mit dem Schachspiel zusammen.

Vierundsechzig bedeutet auch, dass aus jedem der 16 Bundesländer im Durchschnitt vier Personen vertreten wären.
(Die Struktur dieser vier könnte z. B. sein: 1 Vorsitzender, 2 weitere Abgeordnete plus 1 ständiger Beisitzer und Vertreter (falls mal einer der drei zuerst gewählten nicht kann -Urlaub, Krankheit, Außendienst).
3 x 16 = 48 + 16 ständige Vertreter macht also 64.
48 Menschen - oder **64**, wenn alle anwesend sind - können und werden miteinander sprechen! Die Betonung liegt auf „sprechen" und nicht auf palavern. Diskutieren (dazu gehört auch hinhören) und eben nicht palavern und zur Schau streiten. Es geht hier um ein Miteinander und nicht ein Gegeneinander; nur weil die eine Seite Opposition ist. Es geht letztendlich immer um das Wohl und Wehe unseres Staates!

Über Entscheidungen ist dann abzustimmen, wobei es sinnvoll erscheint, Entscheidungen jeweils mit einer 2/3 Mehrheit treffen zu können. Stimmen also 43 von 64 für etwas, geht der Beschluss durch.
Wie Sie sehen, ich bin an dieser Stelle sehr konkret in der Aussage. Auf jeden Fall geht es um die klare Erkenntnis, unser Staatsapparat muss kleiner werden. Dieser Appel darf nicht mehr weiter überhört werden. Kleiner werden allein wäre aber zu allgemein formuliert. Die Volksvertreter haben sich beim Bund radikal zu verschlanken <PUNKT>.

Aber zunächst einmal der Reihe nach. Um das große Ziel der Effizienz und Regierungsfähigkeit auf hohem Niveau zu erreichen, bedarf es Zwischenschritte.

Zwischenschritte und Zwischenergebnisse. Diese Ergebnisse/Erfahrungen sind erst einmal zu machen, zu analysieren und entsprechend ist dann weiter zu verfahren.

Schritt 1:	Reduzierung auf „noch erträgliche" 500 Volkvertreter in Berlin. Es sei denn, die Mehrheit der Bürger ist überzeugt davon, dass wir das überdimensionierte Parlament brauchen. Zur Erinnerung: Das größte Parlament weltweit und das in einem überschaubaren 80 Mio-Staat.
Schritt 2:	Nutzung unserer digitalen Errungenschaften sowohl intern (z. B. Handabstimmung ersetzen durch digitale Abstimmung; auch von zu Hause aus). Wir beschäftigen ja sogar eine Ministerin (*mit Ministerium*) für Digitales. Wäre es nicht klug, mal im eigenen Hause „digital" anzufangen?
Schritt 3:	Informationspolitik, die ihren Namen auch verdient.

Was wurde debattiert; wie wurde abgestimmt, welche Änderungen im Haushalt zieht das nach sich? Wird also in einem Ressort das Budget erhöht, bedarf es woanders einer Kürzung oder einer höheren Verschuldung usw.

Schritt 4:   Handeln Politiker vorsätzlich gegen die Staatsinteressen ….. Sanktionen / Strafen gemäß einem festzulegenden Katalog. Überwacht und kontrolliert durch unser Rechtssystem und nicht durch Eigenverwaltung.

Schritt 5:   Ende mit der unendlichen Selbstversorgung. Angleichung der Pensionen an unser Rentensystem, dass ja auch von den Politikern bestimmt ist.

Das alles jetzt und nicht erst, wenn der Staat bankrott ist (sorry: Politisch korrekt muss es ja wohl heißen: noch höher in der Verschuldung steckt). Wir müssen auch nicht warten, bis öffentliche Proteste stattfinden und diese womöglich dann mit Gewalt niedergeknüppelt werden. Wir sollten so vernünftig sein, über vernünftige Reformvorschläge rationell und sachlich sprechen zu können und ...... vernünftig wählen zu können.
Zu viel der Vernunft? Ich hoffe nicht!

JA, ABER; was machen wir dann mit den überflüssigen „Jetzt-Politikern?"
Nun, sie gehen einer geregelten Arbeit nach und dürfen sich, wie jeder andere Bürger auch, gerne politisch (ehrenamtlich) weiter betätigen.

JA, ABER .... wenn sie keine Arbeit finden?

38

Nun, dann genießen Sie halt ihren gut organisierten, fett abgesicherten Ruhestand zu Lasten der Staatskasse.

Oder sie gehen wie andere Bürger auch zum Job-Center und melden sich arbeitslos und arbeitsuchend. Vielleicht haben Sie auch Anspruch auf ALG.

Ist das nicht der Fall und haben sie auch kein Vermögen (was eher unwahrscheinlich ist), dann bekommen sie eben Harz IV-plus (also <u>nicht</u> nur Harz IV). Nennen wir es der Einfachheit halber Harz V, die speziell für Politiker einzurichtende Stufe über Hartz IV.

Diese Politiker haben ja dazu beigetragen und sind überzeugt, dass jeder Bürger mit Harz IV leben kann.

Hier sollten wir aber um ihrer Verdienste willen großzügig sein.

Arbeitslose Ex-Politiker der jetzigen Couleur erhalten dann bei Harz V 5,-- € jeden Tag mehr als ein normaler Harz IV-Empfänger.

Dies soll als Beispiel gedacht sein. Ist einer der Meinung, das ist zu wenig, lasst uns diskutieren. Ist einer dafür, dass ist zu viel, lasst uns auch diskutieren. Dafür gibt es dann weiterhin diese spannenden Talkrunden im öffentlich-rechtlichen Fernsehen, falls es dann noch öffentlich-rechtliches TV (was auch unbeschreiblich teuer geworden ist) geben wird. Ansonsten eben in einem der vielen vorhandenen und funktionierenden Privatsender.

Es ist jedenfalls anzuerkennen, dass jeder das Recht hat, diese Sozialbezüge als gerecht, als zu niedrig oder als zu hoch einzuschätzen. Ich überlasse dies an dieser Stelle gerne Ihnen.

Der Kern der Sache ist, dass ein System reformiert werden muss, auch wenn es zunächst einige wenige oder auch Hundert „Opfer" gibt.

Auch wenn es recht teuer wird, all diese hoch versorgten Politiker weiter zu versorgen. Es ist aber dennoch besser, heute einen klaren, deutlichen Schnitt zu machen als aus falscher Angst, „wer soll solch eine Umstellung denn bezahlen," keinen Schritt und Schnitt in dieser Richtung zu wagen. Unsere öffentlichen Ausgaben ächzen geradezu unter den immensen Lasten, die wir alle aufzubringen haben, für unsere Ex-Politiker und .... die ständig wachsende Schar der Derzeitigen.

Im Übrigen: es ist ja gar nicht verwunderlich, dass es zu dem gekommen ist, wie es heute ist. Die Demokratie war und ist eine Errungenschaft von besonderer Bedeutung, großer Wichtigkeit und ...... Richtigkeit.

Damals, als es kaum öffentliche Medien gab, war es auch folgerichtig möglichst breit vertreten zu sein.

Einigen wenigen konnte und wollte man das Ruder (die Macht) halt nicht mehr überlassen (das war so auch absolut folgerichtig und in Ordnung).

Aber heute?

Wir brauchen keine Seilschaften und Wasserträger mehr, wie sie sich mittlerweile formatiert haben. Der Staat versorgt sich in erster Linie selbst. Das Wohl der Bürger sind Heucheleien –wenigstens überwiegend. Wir, die Bürger, sollten solch eine gigantische Heerschar wenigstens nicht mehr finanzieren wollen. Wir brauchen kein ständiges Palaver mehr in einem aufgeblähten Parlament.

Effizienz, Handlungen und stimmige Ergebnisse.
Was wir brauchen sind „geprüfte und überprüfbare Berichte" wo und wie unsere Steuergelder eingesetzt werden.
Heute ist es so, dass man regelmäßig nicht ernst genommen wird. Entweder werden wir als Bürger von vielem gar nicht informiert oder bei der Information regelmäßig an der Nase herumgeführt.

Ein Beispiel für fehlende Information: Wer –konkret- bekam denn die Hilfsmilliarden für Griechenland überwiesen? Gingen diese Gelder –wie Attac berichtet- tatsächlich zu drei Viertel an Banken und reiche Kapitalanleger?

Es waren seit 2010 immerhin über 200 Milliarden, wovon 160 Milliarden beim Finanzsektor gelandet sein sollen. Haben wir Bürger ein Anrecht darauf, diese Informationen dargelegt zu bekommen? Ich denke: „**Ein eindeutig JA**.“

Stimmt es aber, dass reiche Kapitalanleger „gerettet“ wurden so nenne ich das schlicht und ergreifend Betrug an uns, Betrug an den Griechen, einfach komplett BETRUG!

Betrug ist ein Straftatbestand; aber leider (noch) nicht für unsere lieben Politiker.

Da hilft auch keine Oppositionspartei. Eine Krähe kratz bekanntlich einer anderen Krähe ....usw.

Neben unseren politischen Parteien sollte es möglich sein, dass sich auch ein Bürger zur Wahl stellt, ohne dass er Parteiangehöriger ist. Ohne, dass er sich dabei einer Partei bedienen/anbiedern muss.

Er darf sich als freier Bürger - parteilos - zur Wahl stellen. Warum? Weil wir u. U. freie Menschen mit einem freien Zeitgeist benötigen, um eine freie Politik zu ermöglichen.

Zig Tausend Unterschriften zu sammeln, um eine Partei zu gründen, ist nicht mehr zeitgemäß.

Warum aber das Ganze (z. B. auch die 5% Hürde)??? Weil damit nach altem Muster Menschen davon abgehalten werden, sich einem politischen Amt zu stellen und weil es wieder „Wasserträger“ heranzieht. Das System hat System, sich zu schützen!

**Mit Humor bezeichne ich die Fähigkeit,
eine andere Wirklichkeit wahrzunehmen
als die Eigene.**

(ich hoffe, Sie besitzen an dieser Stelle auch Humor!)

*Wie sagte doch Will Roges (ein amerikanischer Humorist)
sehr treffend:*

**Alles ist komisch,
solange es jemand anderem passiert.**

Das geht nun wirklich zu weit, RISIKO!

Ja, das Leben besteht ab der Zeugung und späteren Geburt aus Risiko. Man bedenke allein schon mal diese risikoreiche Geburt.

Auch eine „politische Neugeburt" beinhaltet ein nicht ungewisses Maß an Risiko. Was tun?

Nix, denn ... wer nichts macht, macht auch keine Fehler, und ... wer keine Fehler macht, der ist gut.

Das ist dann ganz einfach: „alles <u>ohne</u> Risiko!"

Weit gefehlt!

Nichts tun ist eines der höchsten Risiken, denen wir ausgesetzt sind. Nichtstun bedeutet, treiben lassen.

Also lasst uns etwas tun, und zwar bewusst. Wir erkennen und analysieren dabei Risiken und steuern weitestgehend dagegen.

Zur „Risikobegrenzung" kann künftig gehören, neben den handelnden Politikern (ob 500 oder 64) zusätzlich ein Gremium zu wählen und zu etablieren, dass für die Dauer einer Legislaturperiode (nicht länger) die Aufgabe hat, unsere politischen Aufgaben und Entscheidungen zu kontrollieren. Nicht so, wie die Opposition, die ein Palaver veranstaltet; nein! Ein klares **Controlling**, was seinen Namen auch verdient. Dieses Gremium ist auch vom Bürger zu wählen und nicht hausintern vom späteren Spitzenpolitiker!

Das alles per Direktwahl und in einem Arbeitsgang.

Controlling hat bekanntlich die Aufgabe: steuern, lenken und eben auch Kontrolle.

Das Kontrollgremium (48 Personen halte ich für eine stimmige Größenordnung) kann z. B. die Macht haben, mit 2/3 Mehrheit einen Spitzenpolitiker abzusetzen, wenn er ...

... vorsätzlich oder grob fahrlässig gegen Gesetze oder
Haushaltsbestimmungen verstößt,
... dauernd fehlt oder fehlen wird (Krankheit > 3 Monate)
... sich fachlich als unqualifiziert (ständig überfordert) zeigt.

(Weitere Möglichkeiten lassen sich sicherlich einbauen oder auch verändern. Worum es aber geht, dürfte klar ersichtlich sein. Qualität, Effizienz sowie Transparenz und Ehrlichkeit im Sinne der Bürger).

Es versteht sich vermutlich von selbst, dass ein Wirtschaftsminister auch etwas von Wirtschaft verstehen muss (mit oder ohne Doktortitel), und dass z. B. ein Gesundheitsminister eben auch vom Gesundheitswesen praktische und theoretische Kenntnisse vorweisen kann.
Nicht heute Finanzen, dann Inneres oder Gesundheit und später –warum auch nicht- Verteidigung??? Ein Unding!
In jedem Handwerk geht es schließlich (auch) um Qualifizierungen. Ohne Qualifizierung keine Zulassung.
Politik ist auch ein Handwerk; und zwar ein sehr wichtiges!
Kann so etwas funktionieren?
JA! In jedem modernen - auch noch so großen - Konzern bleibt niemand an der Leitung, der nichts von Unternehmensführung versteht.
Da bleibt niemand Chef eines Energieriesen, der nicht
Korrekt und erfolgreich handelt. In unserem Falle also, erfolgreich für den Staat -uns Bürger!
Diese Systemergänzung oder Umstellung müsste nur 1 x vollzogen werden und seine Funktion ausfüllen!
Die Erkenntnis, wie es gehen kann, hilft nicht. Das TUN ist entscheidend.
Das Wort TUN kann man übersetzen mit:
Tag **u**nd **N**acht.
Tag und Nacht bedeutet an dieser Stelle. Alternativlos, ständig!

Ein JA, ABER ist an dieser Stelle unangebracht.
Jedes JA, UND .... indes wird gerne gehört und mag korrekt und Zielführend sein.
JA, lasst es uns so machen **und** .... das und das noch einbauen, ändern, verbessern, optimieren. G e r n e !

Eine Änderung oder Ergänzung soll dabei immer drei Prüfungsfragen bestehen:
Ist es **effizient**?
Steigert es die **Qualität**?
Bleibt es für die Bürger **transparent** (Ehrlichkeit & Ethik sind dabei ganz wesentliche Faktoren).

Hinzukommen dürfen jederzeit Kriterien wie Fleiß, Kreativität, Intelligenz, und vieles, vieles mehr!
Aber nicht: „Mehr Masse = weniger Klasse!"

Der Gipfel im jetzigen System:
Wir haben angeblich zu wenig Geld; sagen die Politiker.
Hier vorneweg die Grünen, und sie fordern daher .....
Steuererhöhungen.
Zur gleichen Zeit wird bekannt, dass unsere Politiker im Verteidigungshaushalt mind. 600 Millionen in den Sand gesetzt haben mit der neuen Drohne. Darf das passieren?
Ich kann es nicht genau beurteilen, weil ich - wie alle Normalbürger - nur die Fakten dazu kenne, die in der Presse standen. Das sind aber garantiert nicht alle Fakten.

Ich kann aber schon beurteilen, dass es ein Unding ist, was die SPD mit den Grünen eingefädelt und die CDU mit der FDP jetzt „vollendet" hat. Es ist auch ein Unding, wenn der zuständige Verteidigungsminister dazu sagt:
„Das war so, und es war auch richtig so" (mit der kleinen Einschränkung, dass wohl sein Ressort ihn nicht früher informiert hätte).

Er sagt also, wenn es im Grundsatz richtig war; ich würde den gleichen Fehler wieder machen wollen. HAMMER!
So etwas sagt der im Bundestag und hat .... Null Konsequenzen zu befürchten (solange die Kanzlerin ihn deckt). Ich fordere: „Schluss damit."

Eine vom Volk gewählte Prüfungskommission hat in solchen Fällen automatisch zu überprüfen und zu entscheiden, ob das grob fahrlässig oder gar Vorsatz war oder nicht.
Im heutigen System ist es so, dass dann maximal „ein politischer Kontrollausschuss" gegründet wird. Das System verwaltet sich nach eigenem Gutdünken selbst und hetzt gegeneinander. Dies aber meist nicht der Sache und Aufklärung wegen, sondern nur, um einem politischen Gegner zu schaden und selbst den eigenen Machtbereich zu erhöhen. Kein gutes - wahrlich kein ehrliches - System.
Wirkliche Aufklärung kann und wird nur funktionieren und der Sache gerecht, wenn es von unabhängigen Personen durchgeführt wird.
Zur Äußerung vom zuständigen Minister: man stelle sich einmal vor, ich baue ein Haus und beantrage dann erst die Genehmigung. Wird mir die Genehmigung nicht erteilt, sage ich hinterher: Ich muss das Haus zwar abreißen (habe es in den Sand gesetzt) aber die Erfahrung, dass ich jetzt weiß, dass es dafür keine Genehmigung gibt, war das wert.
Diese und ähnliche Dinge schreien zum Mond; machen mehr als wütend.
Diese Unverantwortlichkeit(en) belegen, dass dieses Ist-System der mehr als 700 Volksvertreter nicht (mehr) funktioniert und nie effizient und gut funktionieren wird.

Unsere jetzigen Politiker reagieren stark nach dem Muster „was ist populistisch und ... was macht uns - den Staat - immer fetter."

Es ist doch nicht so schwer zu begreifen, dass höhere Steuern immer nur die Ehrlichen und Wehrlosen treffen. Wir sind zwar nicht wehrlos, fühlen uns aber so ... und das lähmt.

Es trifft die, die sich nicht davonstehlen können oder per gewiefter Taktik (siehe VW-Konzern) der Steuerpflicht entledigen können.

Sicherlich gewinnt man bevorzugt beim einfachen Bürger Stimmen, wenn man dafür plädiert, die Reichen stärker zur Kasse zu bitten. Andererseits ...... auch diese Reichen zahlen heute bereits viel zu viele Steuern. Unser Staat soll und muss lernen, mit seinen Haushalten auszukommen. Das tut er aber nachweislich nicht. Es ist ja auch wirklich leicht, in einem überfrachteten System mit viel Palaver taktieren und die Bürger letztendlich gemeinschaftlich veräppeln zu können.

Dabei sind politische Entscheidungen eindeutig sehr oft (viel, viel zu oft) „dumme" Entscheidungen. Faule Kompromisse, geprägt von Lobbyismus und hohem Eigennutz.

Oder wie war das mit der MwSt.-Korrektur in der Hotellerie? War das kein Lobbyismus erster Güte?

Wer die Szene einmal näher und intensiv beobachtet kommt gerne zu der Erkenntnis, dass man es in der Politik wohl nur aushalten kann, wenn man auch eine gehörige Portion Dummheit in sich trägt (wobei ich weiß: die Politiker sprechen in diesen Fällen gerne von der selbstaufopfernden Kasteiung). Oder wie kommt es, dass sich jeder Politiker (ob Spitzenkandidat oder Hinterbänkler) als sooooo wichtig vorkommt? Spätestens dann, wenn er in einer der vielen Talkshows auftreten und mitpalavern darf oder aber bei einer regionalen Feier „als besonderer Ehrengast" begrüßt wird, muss er sich als sehr wichtig vorkommen.

Diese Politiker, die sich in einem wohl gebauten und sicheren Sozialnetz bewegen, haben das Denken in Kreativität, Programmen und Werten einfach eingetauscht gegen reines Macht- und Profitdenken. Es wird über die Macht, den Hauptmotivator der Menschheit, in unserer Gesellschaft aber sehr wenig gesprochen. Nein, um Macht geht es den Damen und Herren ja gar nicht, alle haben sie doch nur unser aller Gemeinwohl im Sinn, und deshalb diskutieren sie ja auch immer so selbstlos und aufopferungsvoll.

Vielleicht ist das auch mit ein Grund, warum der liebe gute Oskar Lafontaine sich zum politischen Aufklärer der Nation gemausert hatte. Ihm ist es vermutlich zu verdanken (er arbeitete garantiert hart hinter den Kulissen) dass man allerorts hörte: „Nie mit den Linken"; nie mit den Linken auf Bundesebene, auf Landesebene schon," „Oder vielleicht doch mal ......"? Die Zeit wird es zeigen, und die Zeit wird kommen. Die Politiker haben stets eine klare Meinung; eine flexible klare Meinung in solchen Fragen.

Nach der Wahl auch oft genug eine andere als vor der Wahl. Gruselig!

Es tut schon etwas weh, wenn einen das Gefühl beschleicht, dass unsere Volksvertreter wohl in der Mehrheit tatsächlich glauben, das könnten sie uns, dem einfachen Bürger, auch so verkaufen. Dabei gehen sie so vor, dass sie diese Predigten laufend und sehr stereotyp wiederholen (über die Medien werden sie gut verteilt), dann wird das gemeine Volk das schon so glauben, wie sie es unermüdlich vorsingen.

Bekanntermaßen beeinflusst man Maßen anders (und auch einfacher), als kleinere Gruppen oder gar einen Einzelnen. Stören tut mich dabei nur diese unbeschreibliche Arroganz, anzunehmen, das würde nicht vom Normalbürger durchschaut.

Nur weil der Einzelne (ohne Geld und Vitamin B (B = Beziehungen)) sich chancenlos sieht, real etwas zu ändern, heften sich diese Politiker an ihr Revers, das Volk mit diesem Palaver irgendwann auch überzeugt zu haben.

Vor einigen Jahren (2008) vernahm ich eine erschütternde Tatsache aus den Zeitungen: 2.000 US-Soldaten hatte der Irak-Krieg bis dahin bereits gefordert. Einheimische Opfer wurden dabei erst gar nicht mehr gezählt.
An die damals politisch Verantwortlichen sei aber gesagt: Hier haben Sie mehr als nur versagt. Solche Tatsachen darf man nie vergessen und werden wir nicht vergessen.
Diesen Krieg als dumm zu bezeichnen wird aber der Sache nicht gerecht; er ist mehr als das.
Wollte der ehemalige amerikanische Präsident, dieser „Georg Doppel V", die Anzahl der Toten vom 11. September noch toppen oder warum ließ er es zu, dass zig Tausende auf beiden Seiten ihr Leben lassen mussten? Dieser und viele andere Kriege sind einfach menschenverachtend und skandalös und durch nichts zu entschuldigen.
Und das unsagbare ist ja, stets geht es dabei (im Hintergrund) um einen wirtschaftlichen Profit.
Was sagen unsere Politiker dazu? Wie werden wir von ihnen informiert? Das ganze Palavern bei öffentlichen Auftritten und insbesondere auch im Parlament hat neben der Tradition vor allen Dingen System. System, uns ein A für ein O vormachen zu können.
System, etwas verschleiern zu können. System, viel (sehr viel) sagen zu können, ohne dass es überprüft oder gar einem ernsthaften Controlling unterzogen würde. Nein, geht etwas schief (und das geht es ja bekanntlich laufend in unserer Politik), so wird das Rad wieder neu erfunden = auch darüber wird wieder erneut palavert, diskutiert, gestritten, palavert, ... usw..

Ich erinnere unsere Politiker an dieser Stelle gerne einmal an eine Aussage von Kurt Tucholsky (1890-1935; dt. Schriftsteller):

„Wer in der Öffentlichkeit Kegel schiebt, muss sich gefallen lassen, dass nachgezählt wird, wie viele er getroffen hat.“

Aus diesem Grunde ist es auch angebracht, zu gewissen Situationen Ross und Reiter zu nennen.

Im Falle des Irak-Krieges und vielen, vielen anderen Kriegsherden auf der Welt wird zig tausendmal zu viel getroffen.

Menschenleben werden einfach zerstört (Kinder, Frauen, Männer). Nachgezählt und nachgemessen wird aber viel akribischer der materielle Schaden als die menschlichen Tragödien. Vermutlich, weil der materielle Schaden leichter messbar und wieder reparabel ist und wir uns daran als Staat noch zu beteiligen haben.

Wir sollten solche Tragödien aber nicht vergessen. Schlaue Politiker sollten es auch nicht!

Geldverschwendung und Informationspolitik:

Hat einer meiner Leser/innen schon einmal einen Verein geleitet, oder auch nur eine Gruppe geführt, Fremdgelder treuhänderisch verwaltet, eine Bauplanung gemacht, einen Urlaub oder den Kauf einer größeren Sache (z. B. ein Haus) durchkalkuliert? Sicherlich.

Konnten Sie das dann Ihren Vereinsfreunden erklären, ohne auch nur einen einzigen Zettel Papier zu benutzen oder vorzuweisen? Nein?

In der heutigen Politik geht das, in der Politik hat das regelrecht System. Über die komplexesten wirtschaftlichen, sozialen, ökonomischen und/oder ökologischen Zusammenhänge wird gesprochen, es werden Reformen verkündet, die auf bestimmten (riesengroßen) Zahlenwerten basieren und es wird dabei unendlich viel palavert. Redner nach Redner, meist aus den vorderen Reihen, weil die ja so informiert sind und aktiv am Regieren sind oder aus der Opposition (auch aus den vorderen Reihen), weil die ja an die Macht wollen.

Alle diese Damen und Herren reden und reden, hören aber kaum noch hin was der andere sagt, reden und schwafeln und stimmen dann (geschlossen nach Parteiräson) ab. Ja, **so** und nicht anders wird heute (im 21. Jahrhundert) immer noch Politik verkauft.

Wer glaubt denn noch daran, dass der Amtseid das Gesprochene auch nur im Ansatz wert ist? Laut Verfassung ist jeder Abgeordnete seinem Gewissen verpflichtet. Laut gängiger Praxis bei politischen Abstimmungen ist er aber ausschließlich seiner Parteidisziplin verpflichtet.

Über 700 MdB machen sich zum Spielball der Parteien und verkaufen ihre Ideologien im Namen und im Auftrag der Partei. Auf gut Deutsch: Leute ohne Rückgrat sind jene, die am meisten von den Parteispitzen benötigt werden, damit diese ihre Vorstellungen durchsetzen können.

Den Nepotismus beherrschen unsere Volksvertreter sehr gut (Nepotismus ist ein lateinischer Begriff und bezeichnet die Vetternwirtschaft (= Bevorzugung von Verwandten und Günstlingen bei der Besetzung von Ämtern)). Politiker wissen vielleicht nicht immer, was das Wort bedeutet.

Die Umsetzung von Nepotismus in Reinform beherrschen aber alle.

Dazu passen viele Nachrichten; nicht zuletzt auch aus Bayern, wo die Vetternwirtschaft allerorts immer noch hervorragend blüht und gedeiht.

Bezüglich der persönlichen Ziele und Vorstellungen der Bürger dürfen wir auch nicht zu viel erwarten. Eigene Vorstellungen, die für das Gemeinwohl sind, stehen vielen Politikern nur im Wege, also haben sie am liebsten gar keine. Hinzu kommt, dass die so Begünstigten meist nur sehr wenig oder gar nichts vom Sachverhalt verstehen.

Folglich lässt Mann/Frau sich also von den Ausschüssen, der Wirtschaft oder anderen Experten „beraten". Schaut man sich einmal die Fülle der Gesetzesentwürfe, Verordnungen, Richtlinien, Durchführungsbestimmungen, usw. an, so wird einem sofort klar, dass diese Menge an Papier auch der fleißigste Parlamentarier gar nicht mehr lesen, geschweige denn verstehen kann. Das hindert den gewählten Volksvertreter aber nicht daran, gemäß „seinem eigenen Gewissen" bei Abstimmungen seine Stimme abzugeben. Da er also vielfach gar nicht weiß, wie was warum zustande gekommen ist, so behilft er sich bei öffentlichen Auftritten mit gut eingeübten Plattitüden wie: soziale Gerechtigkeit, soziale Ausgewogenheit, soziale Verantwortung aller, wirtschaftliche Gesamtstabilität, wirtschaftlicher Aufschwung, ökonomisch und ökologisch, weltweite Einflüsse, globale Entwicklung, Integration, Weltwirtschaftsflaute, politisch ausgewogen, Reformen, dem Gemeinwohl dienen, Wachstum, mehr Gerechtigkeit usw., usw..

Vielleicht glaubt er dabei tatsächlich selbst an das, was er so von sich gibt (sonst wirkt es ja nicht überzeugend). Er hat es ja auch von seinen „Vorturnern" oft genug gehört und letztendlich übernehmen müssen.

Worüber aber nichts bekannt wird ist, wie lange er denn selbst daran glaubt.

Denn nach der Wahl ist ja schon wieder vor der Wahl und da gelten dann bekanntermaßen wieder andere Leitlinien.

Alleine hier aufzuzählen, wie viele Gesetze (und wozu) es in Deutschland gibt, würde dieses Buch bei weitem sprengen.

In 6 Jahren (von 1998 bis 2004) haben an Gesetzen und Verordnungen 23.000 an der Zahl den Bundestag passiert. Die überwiegende Anzahl davon kam direkt aus Brüssel. Als ich das las (Focus Ausgabe 19/2005) habe ich spontan einmal nachgerechnet. 6 Jahre = 2.190 Tage = mehr als 10 Entscheidungen pro Kalendertag.

Soll noch mal einer sagen, unsere Politiker seien nicht fleißig.

Oder sollte es etwa so sein, dass die wenigstens überhaupt wissen, was geschieht und ja auch selten genug bei solchen Entscheidungen anwesend sind? Geht ja gar nicht, wo die doch immer zu so vielen Feiern, Eröffnungen, Talkshows, etc. gehen müssen.

Logische Schlussfolgerung: Diese Dinge sind eh nicht wichtig. Frage nur: „Warum verordnet man sie dann?"

Sind diese Dinge aber wichtig, dass sie einer Verordnung oder eines Gesetzes bedürfen, warum sind dann unsere Politiker bei den Abstimmungen nur temporär dabei?

Haben Sie schon einmal etwas vom Hemmnisbeseitigungsgesetz, dem Sachenrechtsbereinigungsgesetz oder dem Registerverfahrensbeschleunigungsgesetz gehört?

Irrwitzige Namen mit irrwitzigen Inhalten sowie einem Maximum an Kompliziertheit. Eine Schande an Verwaltungsmüll, der hier produziert wird (alles wird ja gedruckt, hundertfach verteilt (in mehreren Sprachen) und schön sorgfältig archiviert).

Im Jahre 2002 z. B. waren es allein im Bereich der Einkommensteuergesetzgebung um die 100 Änderungen, die unser Vater Staat herausgebracht hat.

Wissen die eigentlich selbst noch, was sie produzieren? Soll hier nicht ganz bewusst der Bürger vorgeführt werden?

Sollen ihm Fallen gestellt werden, weil er ja gar nicht mehr wissen kann, was denn Recht und Gesetz ist? Soll der Berufsstand der Steuerberater und Finanzprüfer gestärkt werden, weil es ohne sie absolut nicht mehr geht? Will man die Gerichte beschäftigen obwohl diese bereits heute überquellen von idiotischen und aberwitzigen Prozessen?

Je mehr die politisch Verantwortlichen entflechten und entbürokratisieren wollen, umso mehr Bürokraten und Richtlinien brauchen sie dafür. Ein selbstgemachter, wunderbarer Teufelskreis. Ein Teufelskreis mit System. Leider, leider keinem intelligenten System.

In Deutschland braucht man vermutlich mindestens zwei Verordnungen, um eine alte Verordnung abzuschaffen.

Und man braucht -also man beschäftigt- große, teure, renommierte Beraterfirmen und zahlt aus Steuergeldern viele, und aber viele, Millionen. Warum auch nicht, es dient ja alles unserem Allgemeinwohl; oder?

Und dann ist da noch unsere politische Berichterstattung und Kommunikation. Es sollte sich im Informations- und Technologiezeitalter herumgesprochen haben, dass es mittlerweile Beamer (Computerbild-Visualisierung), Datenbanken, Internet, Grafik-Darstellungen von Haushalts-Budgets, Controllingwerkzeuge (regeln, messen, lenken, steuern) und vieles mehr gibt, um solche komplexen Zusammenhänge anschaulich (und nachvollziehbar) zu kommunizieren. Anschaulich ist vermutlich hier der Knackpunkt. Der Bürger soll es gar nicht genauer wissen, der Kollege Politiker braucht es nicht zu wissen, weil er ja auch „verschleiert" arbeitet (und von Ausschüssen gigantische Berge von (nutzlosem) Papier herstellen lässt) und das haben wir in der Politik ja schon immer so gemacht.

Eine schier grenzenlose Unverschämtheit, im 21. Jahrhundert das Volk noch genau in der gleichen Art und Weise zu informieren, wie es vor 50 - 60 Jahren praktiziert wurde. Unverschämt, dumm oder System? Grundsätzlich ist es egal, wie wir es nennen. Das Endergebnis ist schließlich das gleiche.

Ich frage mich nur (wenn es Dummheit ist) wie es sein kann, dass solche Menschen, die nicht einmal begreifen wollen, wie man einfach, schnell und anschaulich andere Menschen informiert, ein ganzes Land führen wollen bzw. erfolgreich und gut (menschlich) führen können.

Diese unsere Volksvertreter werfen mit Zahlen und Statistiken nur so um sich; verwechseln auch schon mal Millionen mit Milliarden (macht aber nichts) und reden und reden und reden.

Passt es ihnen in den Kram, wird die Statistik mal so oder mal so interpretiert, oder es wird gerne auch schon mal ein Nachbarland als Positivbeispiel zitiert. Stört so ein Vergleich aber die eigene politische Richtung oder wird dieser Vergleich von der Opposition beigesteuert, dann wird halt sofort gekontert: Dieses oder jenes Beispiel des Nachbarstaates ist dann natürlich nicht auf die BRD anwendbar, weil ja bei uns bla ... bla ... bla ...

Zig Milliarden werden jährlich vom Bund der Steuerzahler in einem sogenannten Schwarzbuch (einem Sammelwerk, was so im Laufe eines Jahres an öffentlichen Steuergeldern vergeudet wird) aufgelistet. Milliarden an Verschwendungen wofür (noch) kein Politiker zur Rechenschaft gezogen werden kann. Ich kann nur hoffen, dass sich die Bemühungen um den Straftatbestand der Veruntreuung bei den politischen Verantwortlichen irgendwann durchsetzen lassen. Es wäre mehr als töricht, wenn wir die Politiker weiterarbeiten lassen würden, wie sie es jetzt (*völlig ungestraft*) tun.

Veruntreuung oder bewusste Verschwendung von Steuergeldern! Sprechen wir hier von Einzelfällen? Leider nein. Dass es, wo gearbeitet und entschieden wird, auch Fehler gibt, liegt in der Natur der Sache. Baue ich eine Brücke und diese wird teurer!? So etwas kann und wird immer wieder passieren. Weiß ich es aber bereits vorher, ist es Betrug. Baue ich eine Brücke, wo dann gar keine Straße gebaut wird, ist mehr als nur etwas schiefgelaufen. Aber ...... all das löst heute zwar auch Diskussionen aus, hat aber nie wirkliche Konsequenzen. Politische Verantwortung zu übernehmen, indem ich abtrete und lebenslang finanziell ausgesorgt habe, gehört da nämlich nicht dazu.

Das hört sich dann zwar nett an; „er übernimmt die politische Verantwortung" ist aber nicht das, was die Bürger erwarten und was erforderlich ist, um dem Irrsinn an Verschwendung Einhalt zu gebieten.

Das alles bleibt bis heute in unserem System ohne Folgen; einem Steuerhinterzieher (wo ist da der Unterschied) wird aber der Garaus gemacht. Unser Herr Präsident nennt Steuerhinterziehung asozial.
Verschwendung, Herr Präsident, ist nicht weniger asozial!

Auch dazu gibt es traurige Beispiele (hier in Deutschland, nicht irgendwo in einem unterentwickelten Staat mit einem korrupten Führer). Da hat doch z. B. ein sehr bekannter Spitzenpolitiker der Grünen mal für rund 30.000,-- € eine Party anlässlich des Ausstiegs aus dem Atomprogramm gegeben. Feiern darf ja wohl jeder; insoweit ist gegen Partys auch nichts einzuwenden. Ich kenne viele, die das gerne tun. Sträflich (und gegen jedwedes Bürgerinteresse) finde ich es aber, wenn dies zu Lasten der Allgemeinheit geht. Für einen Politiker sind aber 30.000,-- € aus dem Staatssäckel zu nehmen wohl ziemlich einfach und sind ja auch nur Peanuts.
Natürlich ist das für ihn ja auch viel angenehmer, als sich solch einen Spaß privat leisten zu wollen.
Wenn man dann noch sieht, dass dieser feine Herr von der Partei der Grünen ist und mit welchen hehren Gedanken die Grünen seinerzeit einmal angetreten sind und was sie heute darstellen und produzieren, dann gute Nacht armes Deutschland.
Sie haben sich im Netz der Politik satt und fett eingerichtet. So, wie alle anderen vorher auch. Wen wundert es denn noch, dass alles so ist, wie es ist?
Die Geschichte vom Berliner Flughafen ist bekannt. Die traurige Geschichte einer guten Idee am Nürburgring sicherlich auch.
Geschichten, die mehr als wehtun. Geschichten, die fast Märchen gleichkommen.
Sollen diese Storys doch deutlich machen, wie unsere Volksvertreter ganz taff und gradlinig Milliarden an Geldern verhunzen!

Dabei werden diese (uns bekannten) Steuerverschwendungen nie vom politischen System heraus wirklich verfolgt.

Immer nur, wenn es öffentlich wurde (Presse sei Dank). Dann kommen diverse Köpfe aus der ansonsten sicheren Deckung heraus und diskutieren über Werte in unserer Gesellschaft und was nicht noch alles. Ändern tut sich aber nichts, weil das System sie schützt und alle mehr oder weniger mitmischen.

Wir haben nun mal kein funktionierendes, vom Bürger eingesetztes, Kontrollsystem.

Warum haben unsere Politiker so viel Angst vor mehr direkter Demokratie? Sehen sie bewusst weg? Sehen sie nicht, wie in der Schweiz das politische Interesse viel höher ist als bei uns und sehen sie nicht, dass dadurch der Wohlstand nicht gefährdet, sondern sogar höher sein kann als mit unserer politischen Verbohrtheit?

Unser Politiker will nicht mehr Demokratie, weil er etwas abgeben müsste; weil der Einzelne dann weniger Macht hätte.

Mehr Demokratie, effizienter geleitet und wir hätten weniger Staatsausgaben und automatisch auch eine deutlich niedrigere Verschuldung; bei gleichem oder höherem Wohlstand!

Dass es den Damen und Herren Privilegierten (Politikern in erster Linie) immer besser geht und der kleine einfache Mann (z. B. auch unsere Rentner) langsam aber sicher am Betteltuch nagt: wen stört es?

Zurück in Zustände des Mittelalters -warum auch nicht, wenn wir durch unsere Politiker noch auf die gleiche Art und Weise informiert werden wie im Mittelalter-!

Da Politiker selbst auf solche Strategien, wie es allen besser gehen könnte (bei gleichzeitig mehr sozialer Gerechtigkeit), nicht kommen können (diese Fantasie ist nicht gewollt), benutzen sie zur Vermarktung verschiedener Maßnahmen gegenüber dem Bürger gelegentlich auch gerne andere Personen (z. B. Herrn Hartz von VW: auch gar nicht so dumm, oder?) und verpassen der ganzen Reform dann auch direkt „als Dank" noch seinen Namen. Wieder, wie ich finde, ein klassisches Beispiel dafür, wo man nicht weiß, ob alles von grenzenloser Dummheit oder genialer Intelligenz geprägt ist. Ich vermute, da dieses Verhalten über viele Jahrzehnte System hat, dass es eher strategisch gewollt und raffiniert ist und von daher nicht als dümmlich zu bezeichnen ist!? Bei Dummheit könnte man noch ein bestimmtes Mitgefühl entwickeln, hier spüre ich aber nur blanke Ablehnung.

Herrn Hartz selbst darf man aber an dieser Stelle etwas in Schutz nehmen. Sein Name steht für etwas, was er so gar nicht propagiert hat. Der Ansatz von Herrn Hartz zielte eindeutig daraufhin ab, Verwaltungsaufwand zu reduzieren und als Hauptkern die Arbeitslosigkeit deutlich (um 50%?) zu verringern. Was ist davon übriggeblieben? Ich denke, nicht so sehr viel bis gar nichts. Die Politik konzentriert sich darauf, die Arbeitslosigkeit anders zu verwalten und Geldmittel beim Leistungsempfänger zu kürzen.

Wie daraus eine Halbierung der Arbeitslosigkeit werden soll sind die Damen und Herren uns bis heute jedenfalls schuldig geblieben. Das mit dem „weniger ausgeben" hat auch nicht geklappt; da hat man wohl im Vorfeld vergessen, richtig zu rechnen.

So ein Fehler fällt aber nicht weiter auf, weil man ja jetzt so tun kann, als hätte man das gewollt.

Man wollte „gerechter" sein und den Armen des Landes mehr zukommen lassen. Wollte man das wirklich?

Wenn ja, hat man dann auch direkt an die Finanzierung dieser Mehrausgaben gedacht? Nein, man kann ja auch nicht alles gleichzeitig machen. Also bitte nicht so streng urteilen.

Die Bundesregierung veröffentlichte kurz vor dem Start dieser Reform ganzseitige Anzeigen und warb für Hartz IV. Angeblich geht diese Reform ja gar nicht zu Lasten der „kleinen Leute", weil bei vielen das ALG II sogar höher ausfällt als die frühere Alhi (Arbeitslosenhilfe).

Bei wie vielen das dann zutrifft wird natürlich nicht gesagt und folglich auch nicht, bei wie vielen es weniger geworden ist. Bezüglich des Rückgriffs auf die Ersparnisse wurde in der Werbung und den Erklärungen herausgestellt, dass es ja Vermögensfreibeträge gebe. Dass dies aber nur ein paar Tausend Euro sind, muss dann nicht besonders erwähnt werden.

Das Ganze gipfelt dann darin, dass man Hartz IV als „sozial gerecht" darstellt. Sozial gerecht sei es, Menschen in Arbeit zu bringen. Das stimmt natürlich, hat aber wenig oder gar nichts mit den Kürzungen zu tun, welche die arbeitslosen Menschen dabei erfahren mussten.

Mit der aktuellen Steuer- und Sozialpolitik werden seit vielen Jahren schon keine Arbeitsplätze mehr geschaffen; garantiert auch nicht mit Hartz IV, auch wenn die Bundesregierung noch so viel Werbung für die Reform machen würde. In Bezug auf notwendige Reformen ist garantiert nichts dagegen einzuwenden, dass der einzelne Bürger mehr Verantwortung übernehmen muss, als dies in der Vergangenheit der Fall war.

Man darf aber etwas dagegen haben, wenn die Unfähigkeit der öffentlichen Verwaltung, ihre Versicherungsgelder richtig zu verwenden sowie korrekt und ordnungsgemäß zu verwalten, dazu benutzt wird, um den Ärmsten der Armen von dem Wenigen was sie haben, noch die letzten Cents abzuknöpfen.

Es haben ja bekanntlich diejenigen, die unverschuldet nach vielen Berufsjahren arbeitslos werden, einen Versicherungsanspruch erworben. Dieser Anspruch wird von unseren Politikern, wann immer sie wollen, verändert = gekürzt.

Wer zudem gespart hat (für die eigene Lebensplanung also vorgesorgt hat) wird gezwungen, sich beim ALG II zunächst bis aufs Sozialhilfeniveau zu verarmen, um dann erst Unterstützung vom Sozialstaat zu erhalten.

Somit hat der Betroffene dann also die gleiche Rangstufe wie derjenige, der in seinem ganzen Leben noch nie etwas gespart und/oder für die Allgemeinheit geleistet hat.

Das große Ziel, die Arbeitslosigkeit zu reduzieren, wird - das sagen unisono alle Wirtschaftsexperten - garantiert mit Hartz IV in dieser Form nicht zu erreichen sein.

Die Politiker werden uns das dann aber reflexartig erklären können. Fehler hat die Politik ja keine gemacht. Zu vermuten ist, dass das rückläufige Exportgeschäft daran schuld trägt, oder die gesamt weltwirtschaftliche Lage, oder, oder, oder! Man wird also Umstände suchen und garantiert auch finden, die am Dilemma der Arbeitslosigkeit schuld sind. Die eigene Politik ist es nie; höchstens die Politik der jetzt Regierenden (wenn man einen Politiker der Opposition befragt).

Die weltweit ausgelöste Finanzkrise passt da ganz gut ins Bild. Sie lenkt deutlich davon ab, was politisch in den letzten Jahren im eigenen Lande verkorkst wurde.

Nur leider braucht keiner der Damen und Herren Politiker, die für dieses Dilemma konkret mit verantwortlich sind, irgendeine Konsequenz zu tragen. Unsere Politiker, die den maroden Sozialstaat ganz allein zu verantworten haben, kommen -wie immer - absolut ungeschoren davon. Schlimm, solch einem demokratischen Elend länger zuzuschauen.

Es ist aber im jetzigen Parteiensystem leider so, dass unsere Politiker niemandem gegenüber wirklich Rechenschaft ablegen müssen für das, was sie tun oder _nicht_ tun. Sie stellen sich lediglich zur Wahl (oder auch nicht mehr, weil sie ausgesorgt haben und ihren Spaß mit der Macht ausgekostet haben).

Bei dieser demokratischen Wahl hat dann jeder Säufer, Penner, Analphabet, etc. genauso eine Stimme wie der hochgebildete, intelligente, lebenserfahrene und Verantwortung tragende Wissenschaftler, Angestellte, Arbeiter, Handwerker, Freiberufler, Beamter oder Unternehmer. Da es aber unter Umständen mehr Schlafmützen als Aktive gibt, haben wir eben aktuell die Politiker an der Macht, die „unser dummes Volk" sich ausgesucht hat aus denen, die überhaupt zur Wahl standen. So wird es also stets weitergehen in der Selbstherrlichkeit der demokratischen Mächte, bis es vielleicht eines Tages eine „Revolution der Vernunft" geben wird. Da es uns allen aber (analog den Politikern) noch recht gut geht, warten wir vermutlich noch etwas länger darauf.

Da kann es unter Umständen schneller zu einer „Revolution der Verlierer" kommen, getreu dem Motto: „Dummheit siegt."

Woher nehmen unsere Volksvertreter eigentlich ihr Selbstbewusstsein? Sie wissen halt, dass der Bürger ihnen nichts anhaben kann. Ihr System ist zu gut organisiert und stellt sich dar, als wäre es das selbstverständlichste auf der Welt, dass es sie gibt. Die Partei ABC.

Erreicht die Partei 30% der Stimmen, so hat jeder 3. Bundesbürger sie schließlich gewählt! Irrtum!

Ab 18 J. ist man wahlberechtigt. Von den rund 80 Millionen fallen also schon mal ca. 20 Millionen weg. Von den verbleibenden 60 Millionen (die über 18 Jahre sind und noch laufen sowie lesen und schreiben können) gehen dann 30 Millionen (50%) zur Wahl. Davon haben 30% die Partei ABC gewählt; macht also 9 Millionen Stimmen. 9 Millionen von 80 Millionen haben die Partei gewählt; somit haben 11,25% aller Bürger die Partei ABC gewählt! Das ist wahrlich keine Leistung, um überheblich und unangreifbar zu gelten und sich jetzt zu erlauben, 80 Millionen an der Nase herum zu führen, bis zum nächsten Wahlk(r)ampf.

In der Tendenz schon eher kriminell beurteile ich auch die Machenschaften der Politik in Bezug auf die Versorgung der Beamten.

Ich traue es unseren Politikern zu, auch Beamte auf Dauer noch arm zu machen.

Es klaffen ja im Bundeshaushalt bereits gigantische Löcher für die heutige und insbesondere künftige Versorgung der Pensionäre. Dann sind später vermutlich die Pensionäre selbst mit schuld (weil sie zu alt werden und nicht sozialverträglich korrekt früh sterben). Da werden die Politiker doch tatsächlich von der Tatsache überrascht, dass die Menschen immer älter werden. Das hat man ihnen vermutlich gar nicht deutlich gesagt; so was aber auch.

Nichtbeamte sollten bei dieser Diskussion um die Beamtenversorgung nie vergessen, was 1957 für den öffentlichen Dienst im Besoldungsreformgesetz gesetzlich verankert wurde.

Nämlich, dass die Grundbezüge der Beamten um sieben Prozent gekürzt werden zum Aufbau der entsprechenden Altersbezüge (Pensionen genannt).

Und was haben die lieben Politiker gemacht? Haben sie die vielen Millionen und Milliarden, die sie hier einsparen konnten, ab sofort korrekt angelegt und verwaltet? Natürlich nicht!

Der allgemeine Haushalt hatte Sorgen, also bedient man sich fremder Konten. Das war schon immer so, dass machen alle so, also machen wir das auch schön brav weiter.

So einfach ist die aktuelle Formel der jeweils an der Macht sitzenden Damen und Herren (damals wie heute). Ich bezeichne so etwas als kurzsichtig, dumm und kriminell gleichermaßen. Hat dieses Verhalten irgendwelche negativen Auswirkungen für die Täter? Fehlanzeige.

Zur Erinnerung hier einige weitere Beispiele der politischen Machenschaften.

Wie war das noch mit der Expo in Hannover? Mehr als 1 Milliarde Euro Verlust! Lassen Sie sich diese Zahl mal genüsslich auf der Zunge zergehen.

1.000 Millionen Euro Verlust.

Es wurde bei der Vorplanung wider besseres Wissen einfach unterstellt, dass wohl 40 Millionen Besucher kämen.

Mit 40 Millionen hätte man einen ausgeglichenen Etat vorweisen können, also keine weiteren Steuergelder benötigt. Die Chefin der Expo fragt dann später ganz unbekümmert, verwundert und frech bei einer öffentlichen Diskussion: *„Was haben wir eigentlich falsch gemacht?"* Antwort meinerseits (als relativ klardenkender Normalbürger und damaliger Besucher der Expo): *„Wir hatten wohl die falsche Chefin!"* Wobei es treffender beurteilt wird mit: *„Wir haben das falsche System."* Die Chefin der Expo hat systemkonform gehandelt. Sie kannte das System und hat sich danach ausgerichtet. Das dies Betrug am Steuerzahler war, interessiert hier wenig, weil dies ja nie überprüft wird.

Deshalb lautet meine Antwort (als Bürger): „Nichts falsch gemacht, denn in der jetzigen Politik läuft das eben so wie es nun mal gelaufen ist."

Ohne die vorherige plumpe Unterstellung, es werden 40 Millionen Besucher kommen, hätte die Expo ja gar nicht bei uns stattfinden können.

Steuergelder standen zu dem Zeitpunkt nämlich in dieser Größenordnung nicht zur Verfügung (später dann - um dieses große Defizit von einer Milliarde zu stopfen - eigenartiger Weise doch).

Sponsoren und Aussteller wären auch nicht gut zu überzeugen gewesen, unter anderen Vorzeichen (also bei weniger Besuchern) überhaupt mitzumachen.

Also lügt man sich einfach etwas in die Tasche (man gestaltet sich die Vorplanung so, wie man sie braucht).

Konsequenzen muss ja ein Politiker nie fürchten, außer

dass er in den gut abgepolsterten Ruhestand verabschiedet wird. Im Übrigen müsste es sich auch schon herumgesprochen haben: tritt der Staat als Unternehmer auf, kann man sich geradezu darauf verlassen, dass es selten rentabel funktionieren wird. Der Staat verschleudert zunächst einmal Millionen oder Milliarden an Steuergeldern und verkauft das dann als notwendiges Mittel, uns (den armen, unmündigen Bürgern) zu helfen.

Hätten die Politiker mehr Bürgernähe, würden sie wohl begreifen, dass die richtige Steuerpolitik nicht die ist, das Geld anderer Leute nach belieben auszugeben und zu verteilen sondern, die Steuern in dieser Hülle und Fülle erst gar nicht erheben zu müssen und das Geld denen zu lassen, die es auch erwirtschaften und weiter damit produktiv wirtschaften könnten und auch würden.

Für mich steht fest, wenn Dummheit bei unseren Politikern weh tun würde (dass sie über Schmerzen laut klagen müssten), dann würde es im Plenarsaal wesentlich lauter als heute zugehen, wo meist nur alle durcheinander reden bzw. aneinander vorbeireden.

Beispiele (ob Gesundheitsreform, LKW-Maut, Zwangspfand, Subventionen in Misswirtschaften und viele andere) gibt es ja in unserer Republik, der EU oder weltweit genügend.

Kennen Sie die Milliarden an Euro, die unsere politisch Verantwortlichen jedes Jahr für Parteistiftungen, Wirtschaftsprognosen, Forschungsförderung, außerordentliche Verteidigungsausgaben, und, und .... ausgeben?

Unvorstellbare Summen, verwaltet und verschleudert durch eine Meute meist unfähiger und oft leider auch korrupter Politiker.

Es ist erschreckend zu erfahren, wo unsere Politiker direkt oder indirekt ihre Finger mit im Spiel haben und abkassieren bzw. zuschanzen, was das Zeug hält.

Einmal Klarheit geschafft und diese Falschheit abgeschafft im Sumpf der öffentlichen Finanzverwaltung und es ginge unserem Staate und damit seinen Bürgern von heute auf morgen besser!

Da fehlen dem Bund plötzlich locker so eben mal einige Milliarden Euro durch das Chaos bei Toll Collect und unser zuständiger Minister, augenscheinlich fachlich mehr als nur überfordert, trifft einfach neue Absprachen mit den drei großen Betreibergesellschaften und setzt neue Termine und hofft und hofft und hofft. Diese Art der Unfähigkeit von politischen Mandatsträgern und ihren Entscheidungen bzw. Fehlentscheidungen begegnet uns leider Tag täglich. Es kann aber auch gut sein, dass die Macher an den Machtzentren gar nicht unfähig sind, sondern dass sie sehr gut wissen, wie sie diese Klaviatur zu spielen haben. Sie werden wahrscheinlich direkt oder indirekt von ihren Entscheidungen profitieren. Ein Schelm, wer Böses dabei denkt.

Die wichtigste Eigenschaft von Politikern scheint zu sein: Fehler schnell vergessen zu können, nicht mehr darüber zu sprechen und an dieser Stelle lieber mal zu schweigen.

Es wäre eine wahre Wohltat für uns Normalmenschen, wenn bei Vorsatz und Bösartigkeit wenigstens der schreiende Schmerz einsetzen würde. Ob dann heute auch noch so viele „Ex-Politiker" so selbstherrlich herumstolzieren könnten?

Warum schreibe ich das vom Irakkrieg, das von der Expo, das von den vielen anderen Pannen und Pleiten? Ist doch alles schon relativ lange her.

Die Vergangenheit kann ja doch keiner ändern, warum also darüber schreiben?

Es sind einfach praktische Fälle und Beispiele, an denen man deutlich und schnell herauslesen kann, wie Politik bei uns funktioniert, wie heute immer noch Politik gemacht wird.

Es sind Beispiele, die deutlich machen, dass wir als Bürger regelmäßig und gezielt an der Nase herumgeführt werden.

Beispiele sind jetzt nicht über zu bewerten. Sie sind aber notwendig, um aufgeführte Argumente zu untermauern. Sie sollen die Augen öffnen vor Dingen, die gerne mal schnell unter den Teppich gekehrt werden. Die gerne dadurch vergessen werden, dass die nächste Steuerverschwendung zum Tagesthema gemacht wird. Aber eben auch nur zum Tagesthema, dann geht es weiter zur nächsten Baustelle und alles ist nach außen hin wieder gut.

Irgendwann verschwindet ein Thema aus der Presse. Politisch gesteuert??? Ich hoffe, nicht immer, aber letztendlich läuft alles so weiter wie gehabt.

Wir sollten und müssen dazu übergehen, Bürgervertreter zu haben, die uns - dem Bürger - Rechenschaft schuldig sind. Unsere Volksvertreter müssen begreifen, dass es nicht darum gehen kann, den Staat zu Lasten aller immer fetter werden zu lassen. Aufgabe unserer Bürgervertreter muss es sein, immer weniger Steuern (und Abgaben, und Gebühren) erheben zu müssen. Dabei hilft auch ein „schlanker Staat!“

Nicht möglichst viel kassieren um möglichst viel verteilen und versieben zu können, sondern genau das Gegenteil muss doch das Ziel sein.

Noch ein Beispiel, anhand dessen wir etwas lernen und aus dem jetzigen System erkennen können.

2009 war es. Wie aus dem Hut gezaubert hatte der Bund plötzlich Geld, jede Verschrottung eines Alt-PKW bei einem Neukauf mit 2.500,-- € Steuergeldern zu sponsern.

Woher hatten sie das Geld? Anders gefragt, was wäre mit dem Geld geworden, hätte man nicht plötzlich den Lobby-Einfall gehabt?

Diese Frage blieb bis jetzt unbeantwortet.

Vielleicht wollten sie aber auch mit diesem Geld „zocken".
Ja, dass könnte sogar gut sein, sogar korrekt sein.
Wir sponsern jetzt jeden Neukauf zwar mit 2.500,-- €;
bekommen aber im Gegenzug von jedem verkauften
Neuwagen auch wieder 19 % MwSt. zurück in den
Staatshaushalt und ..... unserer Autoindustrie tut dieser
Impuls auch mehr als nur gut; er sichert Arbeitsplätze.

Steuergelder also nicht verschwendet, sondern gewinn- und
zielführend eingesetzt.
Nur .... wo sind die genauen Ergebnisberichte?
Wer berichtet wann darüber (wer ist dafür zuständig)?
Wo ist der Soll-Ist-Vergleich?
Was haben wir gewollt (Soll),
was haben wir faktisch erreicht (Ist) und
wollen wir das an anderer Stelle wieder so oder so ähnlich
machen?

Diese Fragen werden so nie im Detail gestellt und daher
auch nie so beantwortet. Sie gehen unter im politischen
Palaver und der politischen Stimmungsmache.

Dabei geht es aber um viel, viel Geld. Um unser Geld!
Politiker verhalten sich so, als gehörte ihnen der Haushalt.
Sie verhalten sich heute ähnlich, wie früher die Burgherren.
Die da unten möglichst reich abschröpfen, damit wir da
oben möglichst luxuriös leben und schön walten können.

Meine ganz einfache und schlichte Forderung dazu (heute,
im Jahre 2019 und folgende): **„Schluss damit"**. Es ist
höchste Zeit!

Voltaire, franz. Philosoph/Schriftsteller
(Francouis-Marie Arouet, 1624-1778).

**Gesellschaftlich ist kaum etwas so erfolgreich,
... wie Dummheit mit guten Manieren.**

(ich ergänze heute gerne politisch korrekt dazu)
**... wie Dummheit mit System <u>und</u>
einer bewährten Kommunikationsstrategie:
„PALAVER im Parlament = Opium für's Volk"**

Kleine Satire

Fragt ein Reporter den Politiker:
**Was ist Ihrer Meinung nach das Hauptproblem
der heutigen Gesellschaft?
Mangelndes Wissen oder mangelndes
Interesse?**

<u>Seine Antwort</u>:
Weiß ich nicht. Ist mir letztendlich auch egal.

Bleibt denn letztendlich doch alles so?

Nein. Vieles ist im Umbruch, vieles ist gefährdet. Noch nie hat ein Staat seine Schulden zurückbezahlt; das jetzige System wird dies auch nie können *(und nicht ernsthaft wollen)*.

Es kann zum Euro-Crash kommen mit allen seinen Folgen. Kommt es dazu - das ist das Traurigste daran- wird die jetzige Politik noch gestärkt davon herausgehen und sich noch fetter machen.
Wie?

<u>Ganz einfach:</u>
Wenn der Tag kommt, an dem die Kanzlerin oder der Kanzler zu verkünden hat: „Verehrte Bürgerinnen und Bürger, nun ist das und das geschehen, nun ist .... der Euro kaputt ...... macht euch aber keine Sorgen, wir haben schon vieles gemeinsam geschafft und Deutschland wird auch das schaffen. Dank unserer guten Politik ist das ganze Dilemma erst heute passiert; ohne uns „Tollen" wäre es bereits viel früher passiert, usw., usw. (Lall, Schwall, Überfall in Reinformat)."

„Wir brauchen künftig noch mehr Staat. Wir machen eine Reform. Wir erhöhen ..... unsere Diäten dann mal an erster Stelle."
(kleiner Scherz am Rande ... das mit den Diäten kommt natürlich erst später und klammheimlich durch die offene Hintertüre).

Es muss aber nicht so weit kommen.
Überlassen wir Deutschland nicht dem jetzigen System.
Warten wir nicht, bis etwas ex- oder implodiert, sondern handeln wir bei der nächsten Wahl.

Gibt es denn Alternativen?
JA, ... **aber**!

Einige Monate habe ich es mir vor ca 5 Jahren erstmalig gegönnt, aktiv ins politische Theater einzusteigen. Ich wurde Mitglied einer relativ neuen Partei. Der PARTEI DER VERNUNFT.

Hört sich doch schon mal ganz vernünftig an, oder?

Kaum einer kennt sie, geschweige denn ihre Inhalte.

Sie hat sich jedenfalls auf die Fahne geschrieben: „Weniger Staat."

Also weg davon, es sich so einfach wie möglich zu machen, und für alles nach dem Staat zu rufen.

Mehr Eigenverantwortung beim Bürger und beim Staat: „Konzentration auf seine wichtigen, hoheitlichen Aufgaben." Also ähnlich, wie das, was die FDP formuliert.

Runter mit den Steuern (also nicht möglichst vielen möglichst viel wegnehmen um es dann entweder per Gießkanne oder auch gezielt anderen wenigen wieder zu geben).

Sozialversicherungen wie eine Versicherung wirken lassen. Das würde u. a. bedeuten, keine Gelder dürfen und können mehr zweckentfremdet werden.

Gelder bestimmungsgemäß ausgeben (Negativbeispiele gibt es leider viel zu viele). Was ist mit dem Soli, wofür wird er benutzt? Leider geht er im Normalhaushalt unter und wird nicht für das verwendet, für das er eingeführt wurde!

Es gibt viele Belege dafür, was sehr vieles schräg läuft in unserem Staate. Ich erspare mir hier weitere Aufzählungen.

Sie können vielleicht nachvollziehen, dass dieses Programm grundsätzlich meine Aufmerksamkeit und Neugier weckte. Wenn diese Partei - oder eine andere - jetzt auch ganz klar sagen würde: „Mit uns keine 700 mehr in Berlin, sondern es genügen 500." wäre der entscheidende Schritt bereits gemacht, und solch eine Partei wäre aus meiner Sicht auch wählbar! Wer immer es auch sein mag.

Dann kam bei mir schnell die Ernüchterung. Ich habe auf regionaler Ebene und Bundesebene fast ein Jahr vergebens „gepredigt" (und dabei wenig Gehör gefunden), diesen Wahlkampf konsequent so anzugehen, und für eine Verschlankung des Staatsapparates zu werben. Es fand, wie gesagt, kein Gehör und ich bin konsequenterweise aus diesem Verein auch schnell wieder ausgetreten.
Es geht mir nicht um die PARTEI DER VERNUNFT.
Mir geht es um die Vernunft an sich. Ganz gleich, wer diese Vernunft an den Tag legt.
Ich hatte in dem Jahr, in dem ich auch etwas „hinter die Kulissen" blicken konnte, meist das Gefühl, hier treten zwar Leute an mit guten, neuen Ideen (neue Ideen haben ja bekanntlich viele), werden sich aber, wenn sie mal gewählt werden, genau so einmausern in das politische System wie andere auch. Damit sind sie in meinem Werteverständnis für die Bürger unserer Republik auch nicht besser und schlechter wie andere politische Gruppierungen auch.

Wer es ernst meint mit unserem Staate, muss auch den Mut zu „revolutionären" Veränderung aufbringen.
Das System muss von außen nach innen geändert werden. Das geht. Ich weiß, dass es geht.
Es muss aber angepackt werden, wobei der erste Schritt dieses Buch sein kann, dann folgen die Diskussionen und ……. irgendwann auch Taten. Es geht! Bürger, steht auf!

Menschen von außen zu ändern??? Das funktioniert nicht!
Ein System von außen zu ändern??? Das funktioniert!
Klar ist es, dass auch 64 Köpfe ihre Macht missbrauchen könnten.
Klar muss es uns aber auch sein, dass 64 Menschen schlicht und ergreifend effizienter zusammenarbeiten können und werden und dass sie grundsätzlich besser zu kontrollieren sein werden als 709.

Zum Neustart gehört dazu, dass auch das erforderliche Kontrollgremium gewählt und installiert wird.

Etwas anderes kann höchstwahrscheinlich noch von großem Nutzen (für ALLE) sein.
Nämlich weg mit den unendlich wiederkehrenden Wahlkämpfen der amtierenden Politiker.
Die Parlamentarier könnten auf 8 Jahre (oder 6, oder 10, oder ... x?) gewählt werden. Wiederwahl: NEIN.
Damit könnten sie ihre Regierungszeit zu 100 % nutzen, Gutes für den Staat und das Volk umzusetzen. Während ihrer Regierungszeit also keine Wahlkampfgeschenke und kein Wahlkampfgeeiere mehr. Vorstellen könnte ich mir auch, dass sie aber grundsätzlich 1 x noch ins Kontrollgremium gewählt werden könnten.
Aber nur, wenn sie dadurch nicht ihre eigentliche Aufgabe des Regierens vergessen und ......
wenn sie empfohlen werden, weil sie sich als außerordentlich fähig erwiesen haben.

Als Idealbesetzung: 64 Personen in der Regierung, 48 im Kontrollgremium = **112 Menschen**, die unserem Staate vorstehen würden. Mit klaren Aufgaben und Zielen. Selbstverständlich vernünftig (und gut entlohnt), feudal und ausgesorgt verabschiedet, das wäre es. Das kann und soll sich unser Staat leisten können; aber keine 709 oder 2.576 (Landespolitiker mitgezählt) Granaten, die dazu dann noch selbst bestimmen, was sie denn an Diäten und Zuwendungen erhalten.

So - oder so ähnlich - könnte er ausschauen; der Start in ein neues, politisches Zeitalter. Mit vielen Chancen für unser Land / und die EU.

Brauchen wir 1.867 Landtagsabgeordnete?
Auch hier ganz sicher ein mehr als deutliches „Nein."

Andererseits; wir sollten an dieser Stelle jetzt nicht eine Problemverschiebung herbeiführen und über unsere Landesvertreter sprechen. Eine Reform von oben nach unten beginnt in unserem Lande in Berlin. Also geht es darum, diese erste Aufgabe (erste Haupthürde) zu nehmen und erfolgreich umzusetzen.
Mit einer Diskussion über unsere Ladensregierungen (und deren Effizienz oder Ineffizienz) könnten wir natürlich schnell und einfach vom Bund ablenken. Das macht an dieser Stelle wirklich keinen Sinn. Will man ein neues System, bedarf es eines Umbaus oder Neubaus. Wir brauchen aber nur einen Umbau, keinen Neubau, weil es eindeutig bei der Demokratie bleiben soll und bleiben muss; aber einer gestärkten und direkten Demokratie.
Wieder mehr Macht dem Volk (auch wenn es in den Augen vieler Politiker nur ein Stimmvieh ist). Dann doch lieber die Entscheidung Millionen „dummen Bürgern" überlassen als 709 ineffizienten (und teilweise korrupten) Politikern in unserer Hauptstadt und vielen weiteren Orten.

Vom neuen politischen System (mit effektiv eingesetzten und effektiv handelnden Volksvertretern; in Summe 112 inkl. Kontrollrat!) sind dann andere Antworten auf viele drängende Fragen zu erwarten, als wie es im jetzigen System möglich ist.
Ist es z. B. länger trag- und akzeptierbar, dass wir in unserem Gesundheitssystem (einem Versicherungssystem wohlgemerkt) mehr als 50 % aller Beitragsaufkommen in der Verwaltung verbrauchen und nur der kleinere Teil der Gesundheit des Versicherten zur Verfügung steht?

Muss es dabei bleiben, Lug und Trug die Türen weit auf zu machen, indem der Arzt mit dem Kostenträger direkt abrechnet, ohne Kontrolle des Patienten, was er denn überhaupt für ihn abrechnet?

Nein, muss es nicht.

Wenn hierüber kein politisches Palaver mehr entfacht werden würde, sondern die 64 Damen und Herren das zu entscheiden haben (mit 2/3 Mehrheit) wäre ich mir sicher, dass es bessere und klügere Entscheidungen hervorbringen würde als heute.

Was wäre aber, wenn diese Politiker „falsch", „also unklug" entscheiden? Nun, zum einen kann und wird jeder Bürger jede Entscheidung individuell für sich beurteilen. Der eine wird „Hurra, endlich!" rufen, der andere ggf. „Mist!."

Es werden jedenfalls total unterschiedliche Meinungen sein.

Das ist normal, das lässt sich nicht unterbinden und darf auch nicht unterbunden werden.

Wir alle haben aber ein von uns frei gewähltes Kontrollgremium und ...

... diese schauen hin, was passiert und berichten darüber!

Im Zweifel ist eine politische Entscheidung aber grundsätzlich immer von allen zu tragen, so wie sie heute auch zu tragen ist.

Klarer Vorteil aber: Verschleierung und einem Herumgeeiere wie heute wäre der Nährboden entzogen.

Wichtig bei all dem ist, es würde sich ja nicht nur das politische Geschäft ändern. Auch die politische Berichterstattung würde sich tiefgreifend ändern.

Unser Denken und unser Anspruch würden sich ändern.

Es würde sich viel ändern .... in Richtung Fortschritt, Erfolg(e) und garantiert **weniger Steuern**.

Oder auch - nichts dagegen einzuwenden - ein ähnlich hohes Steueraufkommen wie heute aber dann auch wirklich Luft für eine Entschuldung.

Solch einen Berg an Altlasten unseren nachfolgenden Generationen zu überlassen ist ein ähnlich strafbares Unterfangen wie die Unfähigkeit, sich nicht ernsthaft und gewissenhaft um den atomaren Müll zu sorgen. Zuerst produzieren wir atomaren Abfall und dann schauen wir mal in Ruhe, was wir damit überhaupt machen können.
Irgendwie erinnert es mich wieder an die Drohne.
Erst kaufen und dann die Genehmigungen einholen.
Lustig, lustig, ... trallalala, unsere Politik ist wieder da!

Bei uns regelt der Staat ja ansonsten immer gerne sehr viel, deshalb geht wohl auch so viel schief. Oder wie geht es an, dass jeder Heijopei jede x-beliebige Frau seiner Wahl (soweit sie zustimmt und bei einer ganz bestimmten Frage haucht: „*JA, ich will.*") heiraten kann, bei einer Scheidung aber ein Rechtsanwalt konsultiert werden muss? Wenn schon Anwalt, warum ist es dann nicht geregelt, <u>vor</u> der Heirat eine Rechtsberatung in Anspruch nehmen zu müssen? Da wir uns an diese Zustände gewöhnt haben, erscheinen sie uns wohl auf den ersten Blick auch als richtig und korrekt.

Achtung: Bitte nicht falsch verstehen. Dies ist kein Plädoyer dafür, einen Rechtsanwalt vor der Heirat einschalten zu müssen.
Ich plädiere viel mehr dafür, überlasst das doch den Beiden, die heiraten möchten. Überlasst es ihnen aber auch, wenn sie sich gütlich einigen und wieder trennen wollen; aber warum Rechtsanwaltszwang?

Der Staat würde und wird lernen müssen, dass weniger Staat oft ein Mehr für den Bürger darstellt.
Jeder Bürger, der sich aber hierbei überfordert fühlt, kann doch zum Juristen gehen. Aber ein Zwang dazu? HALLO, wo leben wir denn?

Vorurteile

Wir Menschen brauchen unsere Vorurteile, ja wir lieben sie geradezu. Im Alltag sind sie immer wieder anzutreffen. Sie sind so schön bequem, so lustig und manchmal (aber eben nur manchmal) passen sie auch und dann wächst die Überzeugung, dass da ja doch etwas dran sein muss, an den vielen guten „Sprüchen" und Vorurteilen.
Handeln wir dumm oder intelligent, wenn wir unsere Vorurteile benutzen? Viel Intelligenz kann ich dabei nicht ausmachen. Erstaunlich ist es aber, dass jeder Mensch seine ganz bestimmten Vorurteile hat (und pflegt). In diesen Dingen ist er sich sicher, hier hat er Recht. Logisch!
Ist Ihnen bewusst, dass das, was Sie denken, für Sie immer richtig ist!?
!!! Immer, egal, was Sie denken!

Bei den Vorurteilen geschieht es recht häufig, dass man sich „Holter die Polter" -also blitzschnell- auf dem berühmten Holzweg befindet.
Der (bequeme) Mensch ist im Alltag nämlich selten bereit, Eindrücke und Wahrnehmungen stets neu zu beurteilen und zu überdenken.

Da bedient er sich viel lieber der Karte „Vorurteile" und belässt alles so, wie es ist.

Zur Unterhaltung hier einige Beispiele:
Kennen Sie diese —oder andere- Vorurteile auch?
Homosexuelle verbreiten Aids.

76

Ist es nicht schön, wenn man eine „Randgruppe“ getroffen hat, denen man etwas anlasten kann, was einem gesellschaftlich nicht so in den Kram passt?
Dass Homosexuelle jedenfalls die Schuld an Aids tragen ist geradezu ein Witz. Vielleicht lässt er sich deshalb so gut verbreiten, weil Witze sich ja auch stets zu verselbständigen pflegen.

Politiker finden sich grundsätzlich viel schlauer als „der Bürger“. Politiker fangen auch Kriege an oder unterstützen solche; vermutlich, weil sie doch soooo schlau sind! Wenn man Politiker schon nicht für solche Schandtaten bestrafen kann, würde ich mir wirklich von ganzem Herzen wünschen, dass sie wenigstens den ganzen Tag schreien müssten, weil die Dummheit sie quält.
Nun, das ist reines Wunschdenken; etwas realitätsfremd.
Da das nicht geht sollte aber die Möglichkeit bestehen, sie durch einen Kontrollmechanismus wenigstens auch wieder abwählen zu können.
Somit bestünde also die Chance, dass sich die Welt verbessern würde, wenn sich viel Dummheit offenbart. Die Dummheit darf in solchen Fällen ruhig auch wehtun!
Ich spreche hier von keinerlei Art angewandter Folter, sondern einfach nur von einem gerechten Regularium, das wir benötigen, wenn ein Volksvertreter sich solch himmelschreiender Ungerechtigkeiten zu verantworten hat, die andere Menschenleben kosten. Bevor unsere Politiker aber auf Kriege verzichten, wird stattdessen nur das Wort „Krieg“ abgeschafft.

Schon bemerkt, dass heute unsere Soldaten ja auch gar nicht mehr in den Krieg ziehen?
Sie beteiligen sich stattdessen lediglich an friedenserhaltenden (oder sonstigen humanitären) Maßnahmen.

In unserem Staate wird sich heute über Fehler in einer
Doktorarbeit leider mehr echauffiert als über die Teilnahme
unserer Soldaten an Kriegen.

Mark Twain:

**„Das Recht auf Dummheit gehört
zur Garantie der freien Entfaltung
der Persönlichkeit."**

Na, damit ist ja doch vieles geklärt!

Unsere TV-Welt

Würde Dummheit wehtun, so würde es im Fernsehen wesentlicher ruhiger zugehen. Oder glauben Sie, dass dann auch noch so viele Mitbürger in sogenannten Talk-Shows auftreten würden, um sich vor einem Millionenpublikum als Dösbuddel zu outen? Ich denke, nein.
Da folgerichtig dann auch noch die politischen Talk-Quasselsendungen gen Null zurückgefahren würden, bekämen wir künftig vermutlich wesentlich bessere Sendungen angeboten.
Politische Sendungen in der Zukunft? JA, bitte.
Aber bitte auch korrekt und mit einem Anspruch an richtigen Informationen.

Es interessiert z. B. die meisten Bürger, warum jetzt ein Projekt, welches 600 Millionen (oder doch 1 Milliarde) verschlungen hat, doch aufgegeben wird.
Wer hat es warum aber auf den Weg gebracht?
Warum ist es (im Detail) gescheitert?
Bedarf es einer juristischen Überprüfung, ob hier vorsätzlich oder grob fahrlässig gehandelt wurde? Falls nein, alles o.k.
Falls ja: weg mit diesem Politiker oder diesen Politikern!

Ist Ihnen dies zu „radikal"? Mir nicht. Jeder Bürger haftet, wenn er einem anderen grob fahrlässig oder vorsätzlich Schaden zufügt! JEDER! Warum also nicht auch Volksvertreter?

Anpassungsfähigkeit

Im Mittelalter oder im Orient konnte es für den Schwächeren lebensgefährlich sein, wenn er vom Stärkeren als klüger eingestuft wurde.

Somit fand der Schwächere oft die List, mit gespielter Dummheit das Misstrauen zu entwaffnen. Findet man heute diese Art des Verhaltens nicht auch noch in Abhängigkeitsverhältnissen vor (im Beruf, Soldatentum, der Politik, unseren Schulen oder der Familie, ...)? Selbst vor Gerichten ist es gängige Praxis, dass der Kluge härter bestraft wird als der Dumme. Der Kluge war ja wesentlich hinterhältiger, raffinierter, gefühlskälter als der arme Dumme.

In der Politik kommen auch meist nicht die Klugen nach oben, sondern vielmehr jene, die lange genug dienen und in der Seilschaft gut funktionieren. Deshalb darf man im politischen Umfeld auch oft nicht allzu schlau auftreten (womit sich der Bogen dann wiederum schließt).

So kann es zu ganz aberwitzigen Verhältnissen kommen. Kluge Menschen halten sich auffallend zurück, Dumme streben in unserem jetzigen, politischen Parteiensystem nach oben und kommen letztendlich sogar an die Hebel der Macht. Festzustellen ist auch, dass es in unserer Gesellschaft regelrecht verpönt ist, von sich zu behaupten, man sei klug. Das gehört sich nicht, das wird direkt aufgegriffen denn damit drückt man wohl indirekt aus, dass man sich als schlauer hält als Andere!?

Ich bin mir daher auch ziemlich sicher, dass es als unklug (und unanständig) gesehen wird, wenn man das politische System dermaßen hart und respektlos anprangert.

Das Amt, die Position, der Titel würdigt (und schützt) die Person, die es innehat und das verschafft (angeblich) direkt auch den nötigen Respekt.

Wer aber anprangert, zeigt keinen Respekt. Böse Sache.

80

Ich selbst habe Respekt vor politischen Leistungen. Keinen Respekt hingegen vor politischem Geklüngel und klaren Fehlleistungen. Keinen Respekt kann ich auch denjenigen zollen, die recht wenig Ahnung von einer Sache haben, aber mit „dicker Brust" ein Amt vertreten.
Wo aufrichtig (ehrlich) gehandelt wird, darf man und soll man Respekt verlangen und auch erwarten können. Das soll und muss man aber nicht tun, wo erkennbar Menschen (in diesem Falle wir Bürger) geradezu verarscht werden.

Ist Ihnen schon einmal aufgefallen, wie schnell jemand in unserer Regierung vom Ministerium X zum Ministerium Y wechseln kann, ohne auch nur ein bisschen an mangelnder Fachkompetenz zu leiden? Das gleiche passiert leider auch, wenn es der Karriere dient, in den vielen politischen Ausschüssen, wo es dann so richtig schlimm in den Auswirkungen werden kann. Denn eigentlich müssten die Ausschüsse davon leben, mit erfahrenen und wirklichen Fachexperten besetzt zu sein. Tatsächlich sind sie aber in großem Stile von Berufspolitikern oder Möchtegern-Fachleuten besetzt. Parteigenossen eben!

> *„Alle denken mal wieder nur an sich.*
> *Nur ich, ich denk an mich."*

Unser Reichtum

Um es gleich vorweg zu nehmen, Reichtum allein macht noch nicht unglücklich und auch nicht zwangsweise dumm. Geld ist nunmal bei vielen Menschen das Thema Nummer eins. Bei den ganz Reichen in der Art, dass man darüber gar nicht spricht, nur eben, dass man momentan einfach nicht weiß, wo (auf der Welt) man seinen Urlaub verbringen soll und welches Luxusgefährt man sich anschaffen soll.

Der Mensch mit einem guten Durchschnittseinkommen spricht auch nicht übers Geld, weil ja eh jeder sieht, dass er genug hat und sich (fast) alles leisten kann.

Der arme Schlucker (der aktuelle Hartz IV Kandidat) spricht ständig nur über die leidige Kohle, die ihm doch zum Glücklichsein so dringend fehlt. In seiner Familie dreht sich alles stets nur ums Geld. Man kommt gar nicht dazu, sein Leben zu genießen und sich daran zu erfreuen, dass man innerhalb von Deutschland automatisch zu der privilegierten Weltbevölkerung zählt. Wenigstens dann, wenn man gesund ist. Sollten Sie das nicht glauben, dann gehen Sie doch einmal nach Somalia, Ruanda, Argentinien, Mexiko-Stadt oder sonstige Städte und Länder, in denen es ganz anders zur Sache geht als bei uns.

Seien Sie also nicht naiv und verehren Sie das Geld über alles und erst recht nicht Leute mit Geld. Am allerwenigsten die Leute mit Geld, die dieses Geld nur dank der Gnade ihrer Geburt besitzen. Lernen Sie all das zu schätzen, auf das es im Leben wirklich ankommt (und tun Sie auch etwas dafür): nämlich **gesund** und in **Freiheit** leben zu können.

Dazu zähle ich auch, in einem politischen System zu leben, welches der heutigen Zeit entspricht.

Es muss aufhören, dass Bürger von und durch unsere Politiker an der Nase herumgeführt werden.

Es muss aufhören, ein System zu stützen, das immer gieriger wird und nimmersatt ist. Ein Fass ohne Boden.

Als die MwSt. eingeführt wurde (10 % auf fast alles; außer Tiernahrung und Zeitschriften) war das eine der höchsten Steuererhöhungen der BRD. Was hat es gebracht? Nun, wir stehen mittlerweile bei 19 % auf fast alles; die FDP`ler Hotelausnahme zeigt dann nur noch, wie unsere Politiker Lobbyarbeit umsetzen können und wir Bürger schauen nur tatenlos zu!

Wir Bürger müssen uns bewusst machen: das jetzige politische System kann und wird nie gut haushalten können. Es sind zu viele damit beschäftigt, Geld aus dem System abzurufen (habe bewusst nicht abgreifen gesagt). Überall wird Geld benötigt; klar doch. Keiner hat bei so vielen, die sich bedienen, wirklich die Verantwortung. Und am allerschlimmsten: was das politische System mit der Parteienfinanzierung und den Hundertschaften an Vertretern alles verschlingt, ist unverantwortlich. Falls es nicht „unverantwortlich" ist, dann ist es aber zumindest ineffizient und teuer; viel zu teuer!

Es ist mit nichten nicht alles schlecht, was in unserer Demokratie produziert wird. Es soll nicht alles zerredet oder kritisiert werden. Die Demokratie ist sicherlich nicht das Ideal aller Dinge; ich kenne aber andererseits auch keine bessere Staatsform als diese. Genießen Sie also Ihr Leben (in der Demokratie) und wagen Sie sich auch, etwas zu tun, damit sich in Ihrem Leben alles so verändert, wie Sie es sich wünschen. Bedenken Sie stets, Wünsche sind etwas Wunderbares.

Bewahren Sie sich Ihre Wünsche und tun Sie etwas dafür, dass die Wünsche sich auch erfüllen mögen. Aktivität statt Passivität, Wunschdenken statt Tagträumen, positiv denken und handeln, anstatt zu jammern und mit dem Schicksal zu hadern und darauf zu warten, dass andere Ihnen helfen. Warten Sie nicht darauf, dass der Vater Staat Ihnen Arbeit besorgt (beim Hartz IV-Ansatz tut er ja so, als könnte er das), suchen Sie sich selbst eine passende. Seien Sie stark und selbstbewusst, gehen Sie Ihren eigenen Weg.

Seien Sie keinesfalls so naiv darauf zu warten, dass Politiker Ihre Probleme vor Ort lösen. Das wollen und können die nämlich nicht (und zwar unabhängig von ihrer Parteizugehörigkeit oder ihrem IQ), sie agieren alle in einem System, was an Ineffizienz kaum zu überbieten ist.

Es sei denn, wir stocken beim Bund auf 800 Menschen auf.
Das wär`s doch!?
(_Achtung_: Das kann übrigens nach der nächsten Wahl
passieren, wenn das Wahrgesetzt nicht vorher geändert
wird!)
Wenn „mehr Politiker" auch ein mehr an Effizienz, ein
mehr an Leistung für uns Bürger bedeuten würde, dann
appelliere ich, im Bund 1.000 Menschen zu haben. Oder 2 -
3.000? Dass dem aber nicht so ist, weiß sicherlich jeder.

Bei der EU in Brüssel und Straßburg stehen mittlerweile
45.000 Menschen auf der Gehalts- oder Pensionsliste.
45.000, die im Durchschnitt 93.000,-- € im Jahr erhalten;
macht in Summe den stolzen Betrag von 4,2 Milliarden
Euro!
Verrückt und absurd gleichermaßen. Wenn sich aber keiner
wirklich aufregt, wenn es nicht angemahnt wird, ... wird
sich daran nichts ändern. Außer ...... noch größer wird die
Heerschar derer, die wir Bürger über unsere Steuer-
zahlungen alle zu versorgen haben.

Zitat von Theodor Fontane:

**„Gegen eine Dummheit,
die gerade in Mode ist,
kommt keine Klugheit auf."**

Irrtümer

Irren ist menschlich. Wenn wir irren, sind wir doch deshalb noch nicht dumm, oder? In vielen Fällen irren wir nur deshalb, weil wir nachplappern, was wir so hören oder lesen. Passt etwas in unser gewohntes Denkschema, wird es nicht mehr überprüft.
Mehr Staat = mehr Kontrolle = eine bessere Steuerverwendung.
Reines Wunschdenken.

Da haben wir einen großen Konzern in unserem Lande. Er baut Autos; sogar „das Auto" und nennt sich volksnah Volkswagen.
Er taktiert bzgl. seinen Gewinnen und damit Steuern nachweislich mit und über Steueroasen. Und ... das hält man mit einem normalen, gesunden Menschenverstand nicht aus, unser Staat ist sogar mit rund einem Viertel an diesem Unternehmen beteiligt.
Unser Staat nutzt indirekt Steueroasen! Er ist also an einem Unternehmen beteiligt, pumpt Geld nach Belieben hinein und sieht zu, wie mit Steuertricks (*angeblich sogar legalen Tricks*) an der Steuer vorbei getrickst wird.

Unsere 709 Bundesvertreter und die zuständigen 137 Landesvertreter in Niedersachsen (macht also 846 Zuständige) schauen zu, sind ggf. sogar irritiert, fordern vielleicht sogar „eine Debatte" und ...... es passiert effektiv nichts.
Ein Beleg, dass 64 Zuständige immer deutlich den in diesem Falle mindestens 846 Zuständigen gegenüber im Vorteil wären um aufzudecken, zu informieren und Maßnahmen zu ergreifen, solch ein Tun zu sanktionieren und solch einem Tun das Handwerk zu legen.

<u>Fazit</u>: Mache einige Hundert Personen zuständig und keiner ist mehr wirklich zuständig!

Da wir aber bei Irrtümern sind, denen der Mensch so gerne aufliegt, hierzu noch ein kleiner und für Sie hoffentlich unterhaltsamer Kurzbeitrag:

Ein Bumerang - kennt jeder - und jeder weiß, der fliegt zu einem zurück. Das ist doch einfach und sicherlich auch jedem klar! Wenn Sie sich aber einmal näher mit diesem Thema beschäftigen würden, kämen Sie vermutlich auch dahinter, wie sich das korrekt mit dem Bumerang verhält. Das möchten aber die meisten gar nicht wissen. Das ist zu mühsam, da muss man ja aktiv werden = den Verstand oder das Internet bemühen. Also stimmen wir ein in den breiten Kanon: der Bumerang fliegt zu einem zurück. Wie der Bumerang aber tatsächlich funktioniert, warum er geschaffen wurde, löse ich hier an dieser Stelle nicht auf. Sie haben somit ein kleines Übungsbeispiel anhand, einmal eine typische Standardaussage auf ihren tatsächlichen Bestand hin zu überprüfen. Viel Spaß dabei; vielleicht erleben sie ja eine kleine Überraschung.

Drei weitere Beispiele habe ich Ihnen noch aufgeschrieben *(entnommen dem sehr empfehlenswerten Buch von Walter Krämer und Götz Trenkler „Lexikon der populären Irrtümer").*

Affen lausen sich. Sagt das einer in einer Gesprächsrunde, nicken die Zuhörer garantiert zustimmend.

Aber mitnichten, die Affen sind nämlich meist frei von Körperparasiten. Sie suchen sich gegenseitig regelmäßig und fleißig nach abgestorbenen Hautresten und Salzkrusten ab. Das hat mit Lausen (und damit Läusen) nichts zu tun.

Amerika ist von Kolumbus entdeckt worden. Wer denkt denn da noch weiter, das stimmt doch, das haben wir doch alle so schon gehört oder vorgekaut bekommen.

Aber nein, es stimmt nämlich nicht. Bereits Jahrhunderte vorher waren die Wikinger dort.
Manche Forscher glauben sogar, dass schon 500 v. Chr. andere Seefahrer aus dem Mittelmeer bis nach Amerika gekommen sind. Es wurde nur kein Aufhebens darum gemacht, das ist alles.

Arbeitslosenstatistik. Wenn wir in der Presse lesen die Arbeitslosenquote in Japan oder Amerika sei kleiner als in Deutschland, so ist das eine statistische Illusion. Jedes Land zählt anders, wer überhaupt als arbeitslos gilt (die Zählung kann sowohl restriktiver als auch liberaler als bei uns sein). Quoten über Ländergrenzen hinweg zu vergleichen ist also glatter Unfug, wenn die Vergleichsgrundlagen fehlen.

Wir sind also gut beraten einmal genauer hinzuhören und hinzusehen, wenn uns etwas vorgegaukelt wird. Politiker sind - mit wenigen Ausnahmen- auch gute (gut geschulte) Rhetoriker. Schade, dass sie immer wieder mit solchen Tricks versuchen Stimmung für sich und ihre Partei zu machen.

Zitat von Friedrich Hebbel:

„Die Menschheit lässt sich keinen Irrtum nehmen, der ihr nützt.
Sie würde an Unsterblichkeit glauben und wenn sie das Gegenteil wüsste."

Dumm und frech

Dies sind zwei Eigenschaften, die man häufig zusammen antreffen kann. Sie passen auch vortrefflich zusammen und stehen sich nicht im Wege. Sie ergänzen sich förmlich und bringen sich gegenseitig zu voller Blüte. Vorsicht, sage ich nur, wenn Sie dieser besonderen Spezies im Alltag begegnen. Ziehen Sie sich warm an; es kann gar schreckliches passieren und es gibt so gut wie kein Mittel dagegen (in Deutschland ist ja die Prügelstrafe korrekterweise verboten; es bleibt im Zweifel also nur der Weg über die Juristerei, und dann werden Sie feststellen, dass hier die Dummen meist noch in Schutz genommen werden und Sie - in diesem Falle also der Kläger - das eigentliche Übel sind).

Unsere Politiker überlegen sich ständig Mittel und Wege, um an mehr Einnahmen (mehr Steuern, Gebühren) zu kommen. PKW-Maut, ... usw. Ich warte noch auf die Luftsteuer; schließlich atmen wir ja alle jeden Tag genügend davon ein.

Abläufe zu verbessern .... Fehlanzeige. Wobei das nicht ganz stimmt. Nachdem nun seit einem Vierteljahrhundert der PC bei uns Einzug hielt hat man doch die Weitsicht, dass nicht eine Mitarbeiterin bei der Stadtverwaltung Online einen Antrag für eine Selbstauskunft machen muss, dass kann man künftig selbst. Hurra, ... ein Schritt in die richtige Richtung. Dass dennoch bei den Stadtverwaltungen keine Arbeitskräfte weniger benötigt werden versteht sich aber auch von selbst. Muss aber jetzt wirklich nicht weiter ausgedehnt werden, es ist nur eine Kleinigkeit im Dschungel unserer Bürokratie (s. Kfz-Schilderausgabe und vieles mehr).

Es gibt gigantisch viele Beispiele, wo wir „ineffizient" und selbstherrlich weiter machen wie vor 50 Jahren. Es interessiert aber keinen Politiker wirklich. Das bringt ihm keine Steuermehreinnahmen. Eine Reform des Mietrechtes zum Beispiel (Schweden zeigt, wie es gerechter geht) interessiert sie nicht; es bringt halt kein Mehr an Steuern also machen wir behäbig so weiter wie bisher.

Wissensfragen

Es kann ja sein, dass es Leser/innen gibt, die nicht glauben wollen, dass auch sie „nicht genug wissen", dass sie klug sind und dass sie alles sind, aber eben nicht „unwissend". Aus diesem Grunde habe ich Ihnen hier einmal einige (lustige, interessante, einfache, schwierige) Fragen zusammengetragen. Damit Sie sich nicht zu sehr verausgaben müssen, liefere ich die Antworten direkt mit. Wir wollen uns ja weiter amüsieren und nicht ernsthaft an dieser Stelle lernen müssen, oder?
Schauen Sie einfach mal selbst, wo und was Sie wissen respektive worüber Sie sich ggf. noch nie wirklich Gedanken gemacht haben.

Testfrage/Wissensgebiet a):
Welches sind die „offiziellen" Atommächte auf der Welt?

Lösung:
USA
Russland
China
Großbritannien
Frankreich

Bis hierhin war es sicherlich noch einfach. Diese 5 kennt man; obwohl Großbritannien meist unerwähnt bleibt.

Haben Sie aber auch direkt andere Staaten dabei vermisst?
Wussten Sie z. B., dass
Israel
Pakistan und
Indien ebenfalls dazugehören?

<u>Testfrage/Wissensgebiet b)</u>:

Wie viele Buchstaben hat unser Alphabet?
Klar, 26!
<u>Aber</u>: Wie viele Buchstaben sehen, auf den Kopf gestellt,
gleich aus?
Das sind nur 7 (Z, X, S, O, N, I, H)

Wie viele Buchstaben sehen denn gleich aus, egal ob sie
groß oder klein geschrieben werden?
Die richtige Antwort ist 9.
(C, O, P, S, U, V, W, X, Z = c, o, p, s, u, v, w, x, z).

<u>Testfrage/Wissensgebiet c)</u>:
Wie lautete das Unwort des Jahres 1996?
Rentnerschwemme

Welches Wort wählte die Kommission dann im Jahre 1998?
Sozialverträgliches Frühableben *(es kann ja durchaus sein, dass
die Kommission hier an unsere Beamten gedacht hat)*.

1999 / Unwort des Jahres?
Kollateralschaden.

<u>Testfrage/Wissensgebiet d):</u>

Unsere Währung/unsere Euro-Scheine:

Wie viele verschiedene Scheine haben wir? 7 Stck.
Welche Farben haben diese 7 Scheine?
5er = Grau, 10er = Rot, 20er = Blau, 50er = Orange,
100er = Grün, 200er = Braun, 500er = Lila
Und welche Architektur ist jeweils abgebildet?
Klassik, Romanik, Gotik, Renaissance, Barock/Rokoko,
Eisen- und Glasarchitektur, Moderne Architektur.

Wenn Sie das alles wussten; wissen Sie auch, wie viele US-Dollar-Noten es gibt? JA, es sind 12!

<u>Testfrage/Wissensgebiet e):</u>
Wer wird „Vater der Psychoanalyse" genannt?
Sigmund Freud

Nun eine Frage aus der heutigen Zeit: Wen nennt man den Vater des Internets?
Es handelt sich nicht um Bill Gates. Es ist vielmehr Tim Berners-Lee (*den kennt aber kaum eine Socke*).

<u>Testfrage/Wissensgebiet f):</u>
Kennen Sie die sieben Weltwunder des Mittelalters?
Was den meisten spontan einfällt sind: Die chinesische Mauer, das Kolosseum in Rom, der schiefe Turm von Pisa, die Katakomben von Alexandria. Etwas länger überlegt man schon für die Ruinen von Stonehenge oder die Hagia-Sophia-Moschee in Konstantinopel. Wer aber erinnert sich auch noch an den Porzellanturm von Nanking?

Ggf. kennen Sie sich ja besser in der Antike aus? Hier sind die bekannten sieben Weltwunder aus dieser Zeit:
Pyramide von Giseh, Hängende Gärten von Babylon, Zeusstatue von Olympia, Tempel der Artemis von Ephesus, Mausoleum von Halikarnassos, Koloss von Rhodos und der Leuchtturm von Alexandria.

<u>Testfrage/Wissensgebiet g):</u>
Wer erhielt dreimal den Nobelpreis?
Es war das rote Kreuz (1917, 1944 und 1963).

<u>Testfrage/Wissensgebiet h):</u>
Wann wurde der Nobelpreis zum ersten Male verliehen?

<u>Lösung</u>: *s. am Ende des Buches*

<u>Testfrage/Wissensgebiet i):</u>

Welches Volumen hat unsere Erde?
Bitte nicht nachwiegen. Es sind ca. 259.875.300.000 cbm.

<u>Testfrage/Wissensgebiet j):</u>
Wer ist der Schutzheilige unserer Steuerbeamten?
St. Matthäus.
(Die Bienenzüchter halten es übrigens diesbezüglich mehr mit dem lieben St. Ambrosius).

<u>Testfrage/Wissensgebiet k):</u>
Was soll dieser Test? Worum geht es hier? Ist das der Einstieg zum Quiz: „Wer wird Millionär"?
Falsch geraten!

Ich möchte mit den kleinen Quizfragen lediglich verdeutlichen, dass es viele, viele Gebiete gibt, in denen wir Kenntnisse haben oder ...... eben auch nicht.

Wenn wir nun politische Vertreter wählen halte ich es für angebracht, mehr zu wissen, als .... welcher Partei gehört er an und was will die Partei!?
Ich will wissen, wofür steht er, wer ist er, was hat er gelernt (außer Politik) und was kann er respektive was will er künftig leisten?

Offiziell ist ein Politiker auch heute seinem Gewissen unterworfen. Er darf frei entscheiden.
Tatsächlich aber - schaut euch mal an, wenn Gesetze auf den Weg gebracht werden - was ist davon dann Realität? N i c h t s !

Die Testfragen verdeutlichen, wie verschieden unsere jeweiligen Interessen, unsere Vorbildung und damit unser Wissen sind. Bei einigen Fragen staunt man, wie leicht diese zu beantworten sind. Bei anderen stutzt man plötzlich und denkt sich, ja wer weiß denn so was. *Ist doch Blödsinn; muss ich doch gar nicht wissen.*
Ob wir etwas wissen oder nicht ist also in der Tat nicht so entscheidend und sagt recht wenig darüber aus, ob wir intelligent oder weniger intelligent sind.
Je weiter man sich nämlich in Spezialgebiete hineinbegibt, umso weniger Menschen wissen darüber noch Bescheid. Aber auch bei sogenannten leichten Fragen wird es kompliziert. Wenn ich Fragen würde: „Wie heißt die Hauptstadt von Dschibuti,“ so ist diese Frage für alle Dschibutiner leicht zu beantworten, während wir uns etwas zart am Hinterkopf kratzen müssen und sicherlich leicht ins Grübeln kommen.

So gesehen passt auch die Aussage: „Es gibt gar keine leichten oder schwierigen Fragen" sondern vielmehr: „Es gibt Fragen, deren Antwort ich kenne" und „Fragen, die ich nicht (oder noch nicht) beantworten kann."

Klassisch dumme Menschen, finde ich, gibt es eh nur wenige. Man kommt oft aus dem Staunen nicht heraus, was der Einzelne so denkt, fühlt und auch wie er zu handeln in der Lage ist. Sogenannte „einfache Menschen" haben oft ein höheres und feineres Empfinden zu Dingen und Situationen, als wir es bei der sogenannten „Oberschicht" vorfinden. Der Begriff hierfür ist: „Intuitive Intelligenz". Viele Menschen sind also auch ohne viel Wissen im eigentlichen Sinne sehr gewandt, sehr lebenstüchtig, meist auch kreativ und auf jeden Fall somit intelligent. Gleichwohl würden sie in jedem IQ-Test (oder der PISA-Studie) sang- und klanglos untergehen. Kann es also sein, dass diese Tests einfach unsinnig/einfach falsch sind?

Ich habe in diesem Buch einiges Negatives über die Politik und damit die Politiker aufgezeigt. Mit nur wenigen Ausnahmen glaube und weiß ich, dass es nicht so sehr der einzelne Mensch ist, der hier miserabel, schlecht oder verlogen ist, sondern dass es dabei schlicht und ergreifend am System liegt. Das gleiche gilt selbstverständlich voll umfänglich für alle anderen Berufe, die ich bei meiner kleinen Analyse ganz spontan herangezogen habe, um etwas über unsere Alltäglichkeiten und damit die Dummheit als solche auszusagen. Es verzeihe mir bitte jede/r, die/der sich auf den berühmten Schlips getreten fühlt. Dies war garantiert nicht meine Absicht. Ohne praktische Beispiele aber, denke ich, würde das Thema nur halb so viel hergeben und unter Umständen sogar langweilen.

Der Mensch erfreut sich ja meist, wenn er Andere aus sicherer Distanz beäugen kann. Nur selbst kritisch in den Spiegel schauen, das mag er in der Regel wohl weniger gerne.

Schadenfreude, das habe ich schon oft in Seminaren gesagt, ist schließlich für viele Menschen eine der schönsten Freuden.
Lästern, das macht doch Spaß. Aber ich mag es natürlich dennoch nicht, wenn ernsthaft über mich gelästert würde. JA, so bin ich. Und Sie ......?

Die lieben Politiker möchte ich aber nicht so einfach hier im Regen stehen lassen, sondern es sollen auch einige Lösungsansätze mitgegeben werden. Sie werden sehen, selbst Politiker, sollten Sie denn an einem solchen Buch überhaupt Interesse haben, können anhand von vier einfachen Beispielen einiges mitnehmen.

1. Hören Sie damit auf, Leute zu verdummbeuteln. Trauen Sie dem Bürger genau so viel zu wie sich selbst. Sie sind genau so wie wir ein Mensch; nicht mehr und nicht weniger.

2. Überdenken Sie Ihre Kommunikation. Klarheit und Offenheit zahlen sich auf Dauer garantiert aus.

3. Lösen sie Schritt für Schritt den Staat von seinen Unternehmensbeteiligungen und lasst es die Menschen machen, die schlicht und ergreifend mehr davon verstehen als Sie und Ihre Beamten. Bundesdruckerei, Tankstellen und vieles mehr was schon privatisiert wurde, können Ihnen da als praktikable und gute Beispiele dienen.

4. Machen Sie das, wofür Sie gewählt wurden: gute und ehrliche Politik für die Menschen im Staate und auf der ganzen Welt.
Vergessen Sie nie die Armen der Ärmsten. Fördern Sie diese Menschen. Wenn Geld für Kriege und Militär da ist, dann ist es mit Sicherheit auch für eine ehrliche und gute Entwicklungshilfe und Bildung (im In- und Ausland) da.
Die Staatseinnahmen gehören Euch nicht. Ihr habt sie nur zu verwalten; bitte sachgemäß und verantwortungsvoll.

Was noch zu sagen wäre

Bei der Politik kann man gegen die Dummheit etwas tun. Nämlich abwählen.
Findet sich keine Alternative? Dann gar nicht mehr wählen. Dies jedenfalls erscheint mir vernünftiger und konsequenter, als dennoch zur Wahl zu gehen. Warum ich so etwas sage? Ganz einfach. Im Grunde genommen bin ich kein politischer Mensch. Politik interessiert mich dennoch an den Stellen, wo sie naturgemäß stark in unser Leben eingreift. Von der politischen Arbeit verstehe ich aber mit Sicherheit nicht alles. Dennoch überkommt mich oft das Gefühl, aus der Distanz heraus mehr davon zu verstehen, als so mancher Berufspolitiker. Warum? Weil ich menschlich denke und in meiner Arbeit stets menschlich gehandelt habe. Dabei einige wenige Flegeljahre (in der Jugend; längst verjährt) einmal ausgenommen. Die Politiker predigen immer, man solle (ja, man müsse) Verantwortung zeigen und deshalb zur Wahlurne gehen. Da fängt das Dilemma für mich teilweise schon an.

Ich persönlich traue dem politischen Parteiensystem nicht und damit auch vielen politischen Amtsträgern einfach nicht so recht über den Weg. Warum sagen die dies oder jenes? Warum scheuen die den Nichtwähler? Sehr wahrscheinlich, weil sie für Nichtwähler keinen Zuschuss bekommen!!? Ich hoffe jedenfalls, dass es starke und nachhaltige (ehrliche) Veränderungen im politischen System geben wird. In diesem Jahrhundert!

Kann man ansonsten etwas gegen die Dummheit(en) tun?
JA, wenn Sie nicht die Dummheit anderer meinen, sondern lediglich die eigenen Unzulänglichkeiten.
Sollten Sie in verschiedenen Dingen zu bequem sein, machen Sie sich einfach auf den Weg. Werden Sie aktiv, seien Sie kreativ, suchen Sie nach Lösungen und stochern Sie nicht ellenlang in Problemen herum.
Sollten Sie ein Wissensdefizit haben, auf Gebieten, die Ihnen wichtig sind: lernen Sie wieder, nutzen Sie die Vielfalt von Fortbildungsangeboten, lesen Sie, nutzen Sie das Internet, seien Sie aufgeschlossen zu Neuem, stecken Sie sich Ziele, marschieren Sie locker (und konzentriert) darauf zu. Sehr wahrscheinlich können Sie mehr erreichen, als Sie glauben. Machen Sie Ihre eigenen Erfahrungen.
Vergeuden Sie keine Zeit damit, andere ändern zu wollen. Falls es etwas zu ändern gibt, dann fangen Sie am besten bei sich selbst an. Ich bin mir sicher, dass Sie fündig werden.
Dieser kleine Ratschlag von mir ist völlig kostenlos. Ich darf Ihnen aber versichern, dass er mir schon sehr viel weitergeholfen hat. Vielleicht nutzt er ja auch Ihnen. Vertrauen wir bei wichtigen Entscheidungen ruhig mehr unserem Instinkt, unserem Bauchgefühl. Vielfach ist das der bessere Ratgeber als alles Denken und Grübeln und mit Sicherheit besser, als ständig mit dem Schicksal zu hadern.

Lesen Sie! Lesen Sie Bücher über Geschichte, Politik oder Bücher, die von guter und erfolgreicher Kommunikation berichten. Erfolgreich denken, erfolgreich handeln sind 2 Dinge, die Sie allumfassend einnehmen können. Dann bleibt für das Dumme kaum Platz. Beachten Sie aber stets, dass dies nur auf Basis von guten, ethischen Grundsätzen geschehen soll. Raffgier wäre ansonsten der erste Schritt in die Dummheit!

Kleine Schlussbemerkung:

Achten Sie künftig ruhig einmal mehr als bisher in Ihrer näheren Umgebung auf die „politischen Dummheiten", wie sie so schön wachsen und gedeihen können. Bleiben Sie aber stets gelassen und gehen Sie ruhig damit um.
Hat doch der EU-Kommissar (unser EU-Kommissar) mal korrekterweise verlauten lassen: „Europa ist ein Sanierungsfall" und dann erfährt man im nächsten Artikel: „Der EU-Kommissionspräsident Barroso fand das gar nicht lustig." Fazit, unser Kommissar rudert wieder zurück, das was er sagte war wohl „politisch unkorrekt" und das Thema verschwindet schnell wieder aus unserer Wahrnehmung. Kein Bericht, keine Wahrnehmung. Keiner, wirklich keiner der EU-Politiker, wagt es dann noch weiter darüber zu sprechen. Lieber wird das alles mit Belanglosigkeiten übertüncht. Nur, ... diese Aussage war nicht belanglos. Sie war wichtig; sie zeigte in die richtige Richtung. Hier müsste jemand handeln! Aber wer von den Tausenden von Abgeordneten in Brüssel?

Lassen Sie nicht zu, dass Sie dumme, ärgerliche, schwierige oder auch ernste Situationen wichtiger nehmen als sie tatsächlich sind.

Zu dem beschriebenen Beispiel: das Thema ist wichtig und bleibt wichtig. Das politische Geschachere aber ist unwichtig, wenn es nicht so traurig wäre, weil es mal wieder wenig bis gar keine Wirkung zeigt.
Herr Kommissar, halten Sie sich zurück sonst haben wir uns nicht mehr lieb und Sie verschwinden dann irgendwann hier. So oder so ähnlich geht es vermutlich zu im Brüsseler Politikzirkus.

Wir als Bürger tun gut daran, uns in Toleranz und Distanz zu üben. Stellen Sie sich vor (wie bei einem Streit), was denn in einigen Wochen oder Monaten noch davon übriggeblieben ist. Wetten, dass Sie das ganze dann viel lockerer und weniger wichtig werten als zum Zeitpunkt, wo Sie damit konfrontiert wurden? In den meisten Fällen stellt man fest, dass es an einem selbst liegt, ob Sie einer Situation erlauben, dass sie Ihre gute Laune und Energie verschlingt oder nicht.
Verlassen Sie öfters Ihren eigenen Blickwinkel und sehen Sie das Wort „politische Dummheit" einmal anders.
Wenn Sie Dummheit nicht gleichsetzen mit falsch oder versagen, sondern es eher als „anders" oder „unerwartetes Ergebnis" aufnehmen, bleiben Sie aufmerksamer, souveräner und können somit stets unbelastet weiter agieren.

Das jetzige System ist nunmal nicht gut; ist schlicht und ergreifend nicht mehr zeitgemäß!
Die Menschen funktionieren und arrangieren sich in einem schlechten System. Wie soll daraus viel Gutes erwachsen?

Lassen Sie anderen ihre persönliche Dummheit und achten Sie nur darauf, selbst möglichst wenige Fettnäpfchen zu füllen. Fühlen Sie sich wie ein Adler, der über den Dingen schwebt und alles gut im Blick hat. Distanziert und dennoch klar, so gelingt Ihnen sicherlich mehr als wenn Sie sich über „die Politik" ernsthaft aufregen.
Versuchen Sie auch nicht, Dummheit anderer Menschen wirklich begreifen/verstehen zu wollen. Bleiben Sie bei sich, da gibt es meist genug zu analysieren.

Wie sagte schon Konfuzius:
   „Fordere viel von Dir selbst und
   erwarte wenig von anderen.
   So bleibt Dir mancher Ärger erspart."

Ich selbst habe bei den Recherchen zu diesem Buch und vielen Überlegungen zu diesem Thema eines nicht gefunden: eine bessere Theorie, mit der man das System umbauen könnte.
Alle, die sich politischen Themen annehmen, sprechen bevorzugt immer nur über ein bestimmtes Fachthema.
* Sinn und Unsinn der Bundeswehr.
* Unser Gesundheitssystem.
* Steueraufkommen; Steuergerechtigkeit.
* Straßenbau –und deren Finanzierung-.
   (die Aufzählung könnte unendlich fortgesetzt werden)

Dabei wird immer davon ausgegangen und unterstellt, die Menschen sollen, müssen und werden mit der jetzigen politischen Struktur und Kultur immer weiterleben müssen.

Beim Schreiben stellte ich fest, dass sich so ein Thema auch schnell verselbstständigt, dass es sehr emotional ist, dass es mit einigen wenigen Worten gar nicht richtig zu fassen ist. Greift man eine Frage auf, ergeben sich daraus zig weitere Fragen.

Diese alle zu beantworten, ist nicht Aufgabe dieses Buches.

Wir haben in Deutschland, in Europa, auf der Welt viele, viele Fragen und Aufgaben zu lösen. Das sollen und können nur Politiker übernehmen.

Es sollen aber Menschen sein, die das Volk auch wirklich vertreten und nicht Menschen, die vom System an- und aufgezogen wurden und es sich nun im System breit und gemütlich machen.

Noch einmal (und nur darum geht es)!

Lösen wir uns von dem Irrglauben, dass politische Machtsystem muss so sein und bleiben, weil es so ist wie es ist.

Wir sind und bleiben das Volk!

„Wir sind das Volk" ist eine wichtige und bemerkenswerte Erkenntnis, die bekanntlich schon einmal für große Veränderungen gesorgt hat.

Klar, dass passierte alles nicht alleine und nicht von selbst. Klar, auch hier wurden jahrzehntelang politisch gearbeitet und interveniert.

Klar ist aber auch, das waren einige wenige Personen, die dieser Arbeit und diesem Ergebnis den Stempel aufgedrückt haben.

Dafür benötigt man garantiert keine Hundertschaften an Wasserträgern.

Im Gegenteil! Dafür benötigt man Menschen, die Ziele haben, Ziele verfolgen und etwas von ihrem Job verstehen. Unser Land hat diese Menschen, die ein neues System verstehen und zum Erfolg verhelfen würden. Wir als Bürger müssten nur eines tun: Dieses System zu fordern und dann diejenigen zu wählen, die dieses System haben wollen. Ja, aber .... zu welcher Partei gehören sie?
Mir persönlich egal. Es kann ja sogar bedeuten, auf Dauer weg vom zwanghaften Parteiensystem hin zu einem freien Wählen von Menschen (mit oder ohne Partei).

Ich selbst habe mich in diesem Buch nur deshalb über die „politische Dummheit" und das politische System mehr oder weniger stark echauffiert, weil ich

1. gerne schreibe und
2. Ihnen etwas Nachdenkenswertes und
    Unterhaltsames damit anbieten kann.

Wenn es mir wenigstens im Ansatz gelungen ist, Sie gut zu unterhalten (oder aufzurütteln), so freut es mich sehr.
Sollte es mir nicht gelungen sein, wäre es interessant für mich zu wissen, ob dies an meiner naiven Art (meiner Eingeschränktheit) liegt, wie ich die Dinge beschrieben und herausgestellt habe oder ob es an etwas anderem liegt. Nur wenn Sie mit mir kommunizieren, werde ich dies jemals erfahren können.
Grundsätzlich gestehe ich es aber jedem Leser/in bereitwillig gerne zu, eine andere Meinung und Auffassung zu den einzelnen Themen zu haben.

Mit Sicherheit kennen Sie auch andere gute Beispiele, die man hätte erwähnen sollen. Gerade „querdenken" und frei denken zeichnet uns ja als Individuum aus.
An Beispielen von politischen Fehlleistungen und politischen Ungereimtheiten fehlt es bei uns ja nunmal wirklich nicht.

Das Buch soll aber klein, begrenzt bleiben, damit es leicht lesbar ist und viele erreicht und anspricht.

Personengruppen ordne ich erfahrungsgemäß gerne in drei typische Kategorien ein (Verteilung: 10, 30 und 60 %).
Meine bisherige Lebenserfahrung hat dabei gezeigt, dass diese Zusammensetzung leider öfters zutrifft als dass ich - mit meinem Vorurteil - daneben lag.

Im Beruf:
Die Wenigen, die dafür sorgen, dass etwas geschieht (10 %).
Die vielen, die zuschauen, wie etwas geschieht (30 %) und die überwältigende Mehrheit, die keine Ahnung hat, was überhaupt geschieht (60 %).

Bei den Kritikern:
Die Wenigen, die eine gute Leistung oder einen guten Vorschlag wirklich neidlos anerkennen (10 %),
die vielen, die etwas konstruktiv beizutragen haben (30 %) und
die überwältigende Mehrheit, die Kritik nur der Kritik wegen ausübt (ohne es besser machen zu können oder ohne eigenen Sachverstand; 60 %).

Bzgl. den Ideen und Vorschlägen in diesem Buch wird und soll es unterschiedliche Meinungen geben. Insoweit tun Sie Ihren Gefühlen keinen Zwang an. Für jedes Argument findet sich auf diesem Planeten garantiert auch ein Gegenargument. Insoweit werde ich jede Art der Kritik (ob positiv oder negativ) gerne zur Kenntnis nehmen.
Das Thema lädt ja förmlich zur kontroversen Diskussion ein und ich freue mich schon darauf, die vielen Stimmungen und Meinungen, die dieses Buch auslösen kann, zu erfahren.

Nicht versäumen möchte ich, meiner Lebenspartnerin noch ein herzliches Dankeschön zu sagen. Sie hat, als ich ihr sagte, dass ich ein Buch über „unsere Politik" schreiben werde, nicht gesagt, ich sei verrückt.
Gestaunt und nachdenklich hat sie schon etwas geschaut; sie hat mich aber gewähren lassen und mich in keinster Weise zurück- oder gar abgehalten. Im Gegenteil, sie hat mich tatkräftig unterstützt. Diese Weitsicht und Toleranz von ihr verdient meinen aufrichtigen Respekt.

Merksatz:

**„Klug oder Blöde bleibt,
da geht kein Weg daran vorbei,
ist ausschließlich eine Frage
der Betrachtungsperspektive."**

Anhang

Was war der Auslöser für dieses Buch? Es war eine regelrechte Blitzidee!
Diese Regelmäßigkeit - und Gleichheit - wie wir von Politikern jeder Couleur informiert werden, ist meiner Meinung nach richtig beängstigend.
Meine Schlussfolgerung daraus: „Das System hat System."

Wenn dann ehemalige Politiker interviewt werden, wirkt es bisweilen recht bizarr. Sie selbst haben ja die politischen Entscheidungen getroffen und heute monieren sie dies und jenes. Ihre eigenen Entscheidungen waren immer dem Zeitgeist geschuldet und selbstverständlich im Grundsatz immer edel, sozial und auch gut. Auch hier gilt: Das System verteidigt das System.

Weiter hinterfragt dann die erweiterte und klare Erkenntnis: JA, das muss so sein und wird immer so sein.

Mein Fazit: Soll sich etwas am System/im System ändern (wirklich ändern und nicht nur herum geflickt werden) so muss diese Veränderung von außen kommen.
Vom Bürger, dem Wähler! Nicht vom Nichtwähler, zu denen ich mich seit einigen Jahren zählte. Beim jetzigen System ist es wirklich (fast) egal, wen Mann/Frau wählt. Das System vereinnahmt alle und alle verhalten sich Systemkonform.
So etwas führt dann zu „Wahlmüdigkeit" oder „Wahlfrust".
Dass es nicht ganz egal ist, wen man wählt, weiß ich natürlich auch. Das sich aber das jetzige System nicht ändert, egal wie ich wähle, steht für mich aktuell auch fest.

Es sei denn ......

...... da treten welche an, die eben nicht „mitschwimmen“ wollen,

...... die eben nicht sich selbst und ihre Parteigenossen in erster Linie gut versorgt wissen wollen,

...... die eben den Mut haben zu sagen: „Oben fangen wir an“ und <u>nicht</u> bei der Fall-Diskussion, PKW-Maut ja oder nein, Hundesteuer ja oder nein.

Es ist eine feststehende Tatsache: Wir bringen jedes Jahr zig Millionen Euro für zig Tausend Politiker auf.
Das kann und sollte sich kein Land mehr leisten!
Diesen Umstand können wir dann gerne einmal erweitern.
Nicht auf andere Länder, diese sind für sich selbst verantwortlich, sondern auf die europäische Union!
Hier erfährt der politische Wahnwitz seine absolute Steigerung.
Brüssel (oder Straßburg und/oder Straßburg) müssen einem Normalbürger wie ein Verschiebebahnhof erster Klasse für Ex-Bundesminister vorkommen. Jedenfalls werden unser aller Volksvertreter dort noch fürstlicher entlohnt als im eigenen Land, müssen aber wohl nachweislich gar nichts mehr leisten.
Sorry .... natürlich an Sitzungen teilnehmen und auch noch Sitzungsgelder kassieren.
Und sich wichtig fühlen und wichtig machen.
(siehe das beschriebene Beispiel/die Äußerung unseres Kommissars und die Reaktion seines Präsidenten).
Der Einzelne geht innerhalb der EU-Kommissionen doch erst recht unter (45.000 Beamte; nicht zu fassen dieser Moloch). Hier wird per Excellance jongliert und geeiert.
Hier ist Mann/Frau aber - was die Aufgaben angeht - wirklich brutal wichtig, weil die Herausforderungen ja auch für uns alle ultrawichtig sind. Europa für alle.

Wir können nun mal festhalten: hätten wir das europäische Riesenparlament nicht, dann wüssten wir gar nicht, wie eine Banane oder Gurke gekrümmt sein muss, um gehandelt zu werden.
Es liegt auf der Hand, dass hier das politische System bewiesen hat und Tag täglich beweist, wie es funktioniert.
Alle Anekdoten wären ein Vielfaches von dem, was in ein Buch hineinpasst.

Ich vertrete dabei die felsenfeste Meinung: „Kehre zuerst vor deiner eigenen Haustür, bevor du dem Nachbarn Vorschriften machst."

Wir alle hier in Deutschland haben genug mit der Frage zu tun, wollen wir im eigenen Lande eine „Entrümpelung" von politischen Errungenschaften? JA oder NEIN?
Wenn JA, dann geht es darum, bei uns selbst konkret zu beginnen. Und zwar mit Sachverstand und Feingefühl, aber .... schnell.
Warum schnell?
Nun, wenn wir noch 4 oder 30 Jahre damit warten, finanzieren wir noch weitere 4 oder 30 Jahre ein überaltertes und ineffizientes System.

Wenn wir weitere Jahre mit wirklichen Reformen abwarten, wird es für Vieles bereits zu spät sein.
Der Kollaps des Euro ist nur ein Damoklesschwert, das über uns hängt. Die kommende Altersarmut ein anderes.

Die Ungerechtigkeit, immer mehr Steuern einzutreiben und immer mehr Antworten schuldig zu bleiben, ein längst Überflüssiges. Glaubt wirklich ernsthaft jemand, dass man mit Steuererhöhungen das Klimaproblem unserer Erde wird lösen können?

Manche Bürger würden sich die müden Augen reiben, wenn sie z. B. schwarz auf weiß wüssten, was bereits alles an Steuergeldern zweckentfremdet wurde.

Was schon alles „alternativlos" geschehen ist. So werden auch diese Steuermehreinnahmen in erster Linie dafür genutzt werden, Finanzlöcher zu stopfen und den Riesenapparat unserer Politik weiter zu füttern.

Oder, wie vor einigen Jahren geschehen: Da zahlt der Staat (sorry, nicht der Bund selbst, sondern nur ein Land) einige Millionen an einen Hehler einer Steuer-CD.

Was bitte schön, ist denn da geschehen? Warum kaufen wir das? Was will denn der Besitzer dieser CD sonst mit den Daten machen, die er rechtswidrig erworben hat? Er kann sie an die Presse geben. Bitteschön, dann werden wir auch an die Daten herankommen.

Er kann sie für sich behalten .... gerne ... aber er gehört auf jeden Fall juristisch belangt und nicht finanziell belohnt! Unser Staat entlohnt einen Hehler und Dieb und ..... lässt ihn dann schadlos laufen!!!

Ich zweifle jedenfalls nicht mehr daran, dass wir heute (und nicht erst seit der Kohl-Affäre) alle in Deutschland in einer „Bananenrepublik" leben.

Darauf gebe ich Ihnen gerne mein Ehrenwort!

Zitat von Georg Christoph Lichtenberg, dt. Physiker und Aphoristiker)

„Jeder Fehler erscheint unendlich dumm, wenn andere ihn begehen."

<u>*Wie versprochen*</u>*: Hier noch die* **Lösung** *der Testfrage-Fachgebiet h:*

Der Nobelpreis ist das Vermächtnis von Albert Nobel,
dem Erfinder des Dynamits (1833 – 1896) und wurde
im Jahre 1901 zum ersten Male verliehen.

Appell:

Es stehe bitte einer auf
(das könnte z.B. ein Journalist sein,
weil er Zugang zur öffentlichen
Meinung hat) und entfache die
dringend notwendige Diskussion:

**„Wollen wir uns weiterhin ein
politisches System leisten, das
so ist wie es sich uns jetzt allen
präsentiert; nämlich**

... überdimensioniert,

... höchst INEFFIZENT <u>und</u>

... maximal STEUERFRESSEND?"

Verzeichnis der Zitate/Sprüche:

Impressum:

Alle Rechte beim Autor!
Ein Nachdruck - auch auszugsweise- ist nur mit schriftlicher Genehmigung des Autors erlaubt.

Herstellung und Vertrieb:

Books on Demand GmbH, Norderstedt (BoD-Verlag)
ISBN: 9 783749 498116

Autor:

Dieter Olk
Input-Unternehmensberatung
Oberweiser-Str. 36
D-54634 BITBURG

Kontakt:

WWW: **Input-Unternehmensberatung.eu**
eMail: Input-Olk@Online.de

Tel.:   0049 (0) 6561 683 222
Fax: 0049 (0) 6561 683 223

Hinweis: Vom gleichen Autor bereits erschienen:

„Einfach gut kommunizieren"

Druck: (2004) im BoD-Verlag
ISBN: 3-8334-0462-0